北大保险时评书系

北大保险时评 2016→2017

孙祁祥 等 著

北京大学出版社
PEKING UNIVERSITY PRESS

图书在版编目(CIP)数据

北大保险时评:2016—2017/孙祁祥等著. —北京:北京大学出版社,2017.4
(北大保险时评书系)
ISBN 978-7-301-28217-5

Ⅰ. ①北… Ⅱ. ①孙… Ⅲ. ①保险业—研究—中国—2016-2017—文集 Ⅳ. ①F842-53

中国版本图书馆 CIP 数据核字(2017)第 061635 号

书　　名	北大保险时评(2016—2017) BEIDA BAOXIAN SHIPING(2016—2017)
著作责任者	孙祁祥　等著
责任编辑	赵学秀
标准书号	ISBN 978-7-301-28217-5
出版发行	北京大学出版社
地　　址	北京市海淀区成府路 205 号　100871
网　　址	http://www.pup.cn
电子信箱	em@pup.cn　　QQ:552063295
新浪微博	@北京大学出版社　@北京大学出版社经管图书
电　　话	邮购部 62752015　发行部 62750672　编辑部 62752926
印 刷 者	北京大学印刷厂
经 销 者	新华书店
	730 毫米×1020 毫米　16 开本　14 印张　154 千字 2017 年 4 月第 1 版　2017 年 4 月第 1 次印刷
定　　价	42.00 元

未经许可,不得以任何方式复制或抄袭本书之部分或全部内容。
版权所有,侵权必究
举报电话:010-62752024　电子信箱: fd@pup.pku.edu.cn
图书如有印装质量问题,请与出版部联系,电话:010-62756370

目录 CONTENTS

理论综合

2016年中国保险业回眸与思考　　　　　　　　　郑　伟 / 3

保险供给侧改革要提高质量和效率　　　　　　　郑　伟 / 10

关于完善我国保险市场体系的一些思考　　　　　锁凌燕 / 15

小额保险发展：以产业寿险兴衰史为鉴　　　　　姚　奕 / 20

"十三五"保险业服务国家发展的几点思考　　　郑　伟 / 25

由"十三五"规划纲要看保险在巨灾风险管理中
　　的定位　　　　　　　　　　　　　　　　　刘新立 / 30

"十三五"：保险要补三个短板　　　　　　　　锁凌燕 / 34

"三医联动"与深化医改　　　　　　　　　　　郑　伟 / 39

行业发展与规划

谨慎推进相互保险公司发展　　　　　　　　　完颜瑞云 / 47

为何环境污染强制责任保险发展缓慢　　　　　赵昊东 / 52

保险交易所：促进流动性和风险分散的平台　　刘新立 / 56

洪水无情　保险有益　　　　　　　　　　　　范庆祝/60
职业年金市场化运营四大难题待解　　　　　　邹　青/65
交互保险：一种值得借鉴的新型保险组织
　　　形式　　　　　　　　　　　　　　　完颜瑞云/70
共享经济与互联网保险　　　　　　　　　　　刘新立/77
构建可持续发展的健康保险创新生态系统　　　锁凌燕/81

政策与监管

把握税优政策契机　推动健康险创新发展　　　锁凌燕/89
保险业"营改增"
　　　——"税"主沉浮　　　　　　　　　　段志明/94
向污染宣战，保险业应当有位并有为！　　　　孙祁祥/99
天量定增风险亟须疏与堵　　　　　　　　　　朱南军/105
中国SIFIs监管：趋同世界还是因地制宜？　　 朱南军/111

企业经营与市场环境

保险公司的新课题
　　　——信用保险　　　　　　　　　　　　赵景涛/119
保险消费者保护：标准化先行　　　　　　　　钱嫣虹/123
个人税优型商业健康险要如何迎来热度？　　　秦　云/128
把"保险姓保"落实到营销端　　　　　　贾　若　齐鹏飞/132

保险资金运用

对养老金即将市场运营化的三点思考	邹 青/139
险资举牌：谨防合理逻辑下掩盖的陷阱	李心愉/144
借力母基金投资顶级 PE	李心愉/149
大资管时代：保险资产管理面临的新挑战	李心愉/154
"十三五"规划指明保险资金运用三个辩证关系	李心愉/160
大资管时代：保险资产管理走向何方？	李心愉/165

社会保障与保险

基础养老金全国统筹需"加速"	耿志祥/179
我们需要什么样的养老保险产品？	陈 凯/184
织密织牢社会保障安全网　关注关爱非正规就业群体	朱南军/189
老有所养不应是一句空话	陈 凯/195
保险：从四方面参与精准扶贫	完颜瑞云/200
从《中国社会保险发展年度报告 2015》看养老保险问题	陈 凯/205
推进养老保险制度的供给侧改革	耿志祥/209
基本医疗保障体系公平性评价：起点、过程与结果	姚 奕/214

CCISSR　理论综合

2016年中国保险业回眸与思考

郑 伟

2017-01-11

2016年是"十三五"的第一年,这一年保险业做了许多事,取得了不俗的成绩,也引起了不小的关注。本着"值得记述"的原则,笔者从保险业布局总体规划、夯实监管基础、助推民生保障、探索多维创新等四个方面对保险业改革发展的重要事件进行回眸与思考。

一、保险业布局总体规划

2016年,保险业从两个方面进行总体规划的布局:一是发布保险业"十三五"发展规划,二是提出坚持"保险业姓保,保监会姓监"。

(一)保险业"十三五"规划

2016年8月,中国保监会发布《中国保险业发展"十三五"规划纲要》,明确了"十三五"时期我国保险业的指导思想、发展目标、重点任务和政策措施,是未来五年保险业科学发展的重要蓝图,对保险业深化改革和服务国家发展战略提出了很高的要求。

保险业之所以能与国家发展如此紧密相连,一是源于保险的功能,这构成了保险业服务国家发展的内在基础;二是源于国家对保险业的重视,这为保险业服务国家发展提供了广阔空间;三是源于保险业自身实力的提升,这为保险业服务国家发展提供了强大支撑。"十三五"时期,为了更好地服务国家发展,保险业一要坚持"保险姓保",二要确保"险企不险",三要实现"消费者愿意消费"。

(二)坚持"保险业姓保,保监会姓监"

2016年,在险资举牌引发争议的背景下,中国保监会提出要全面落实"保险业姓保、保监会姓监"要求,正确把握保险业的定位和发展方向。

"保险业姓保",强调的是保险与金融的不同。从理论上看,保险是金融,但又不是纯粹的金融。金融强调资源的"跨期配置",强调"资金融通";而保险强调资源的"跨状态配置",强调"风险保障"。

"保监会姓监",强调的是应当厘清"监管"与"发展"的关系,保险监管机构的角色应当是"裁判员"而不是"教练员"。其实,金融业的三大监管机构何尝不都是如此?同保监会姓监一样,银监会和证监会也姓监。

二、保险业夯实监管基础

2016年,保险业从三个方面夯实监管基础:一是正式实施"偿二代",二是启动 D-SII 监管制度建设,三是发布中国保险业第三套生命表。

（一）正式实施"偿二代"

2016年是"偿二代"正式实施的第一个年份。从中国保监会目前披露的数据看,保险公司整体偿付能力充足率达253%,行业风险总体可控。

虽然"偿二代"正式实施才一年的时间,但其效果已开始显现。从国内看,由"偿二代""风险导向"的核心要求所决定,风险高的公司需要更多资本相匹配,风险低的公司则可以降低资本要求,释放多余资本,国内不同业务结构、不同风险程度的公司开始出现分化,这无疑有助于提升监管的效率,促进保险业的健康发展。从国际看,国际保险监督官协会在全球保险资本标准（ICS）中,根据"偿二代"数据为中国单独增加了分组和相应的风险因子,由此提高了中国参与国际保险市场规则制定的话语权。

（二）启动 D-SII 监管制度建设

2016年4月,中国保监会召开国内系统重要性保险机构（D-SII）监管制度建设启动会;3月和8月,就《国内系统重要性保险机构监管暂行办法》进行了两轮公开意见征求;5月,面向人保集团、国寿集团等16家保险机构,开展了 D-SII 评定数据收集工作。

D-SII 是指一旦发生重大风险事件导致难以持续经营,可能引发系统性风险的保险机构,通俗地讲,就是那些"大而不能倒"的保险机构。2008年金融危机之后,人们发现"大而不能倒"的保险机构具有系统重要性影响,并且监管缺位,于是金融稳定理事会和国际保险监督官协会开始针对全球系统重要性保险机构(G-SII)提出更高的监管要求。在此背景下,中国启动D-SII监管制度建设。下一步,中国保监会将制定D-SII评估方法,认定D-SII名单,并提出更高的监管要求。

(三)发布第三套生命表

2016年12月,中国保监会发布我国保险业第三套生命表——《中国人身保险业经验生命表(2010—2013)》。此前,1996年和2005年,我国分别发布了第一套和第二套《中国人寿保险业经验生命表》。

与前两套相比,第三套生命表有了明显的进步。一方面,拥有世界上最大的样本数据量,共收集了3.4亿张保单、185万条赔案数据,覆盖了1.8亿人口;另一方面,生命表编制更加精细,对于男性和女性分别有三张表,即非养老类业务一表、非养老类业务二表、养老类业务表。

众所周知,生命表是现代人身保险业科学经营的基础,对于产品定价、准备金评估、现金价值计算等都具有基石性的意义。因此,第三套生命表的发布,将有利于夯实行业发展和监管的基础。

三、保险业助推民生保障

2016年,保险业从三个方面助推民生保障:一是保险助推脱贫攻坚,二是出台大病保险配套制度,三是城乡居民住宅地震保险正式销售。

（一）保险助推脱贫攻坚

2016年5月,中国保监会和国务院扶贫办联合发布《关于做好保险业助推脱贫攻坚工作的意见》,要求精准创设完善保险扶贫政策,创新保险扶贫体制机制,为实现到2020年打赢脱贫攻坚战、全面建成小康社会提供有力的保险支撑。

在我国,贫困人口中因病因灾致贫返贫的占有相当部分,而保险因其风险保障功能与扶贫具有天然的联系。通过精准对接农业、健康、民生、产业脱贫、教育脱贫等服务需求,保险可以在助推脱贫攻坚方面大有作为。近年来,河北阜平、宁夏、云南昭通、河南兰考等地在探索保险扶贫方面取得了可喜的成绩。下一步,在"空间维度可复制性"和"时间维度可持续性"的检验通过之后,可以在全国进一步总结推广。

（二）出台大病保险配套制度

2016年10月,中国保监会发布《保险公司城乡居民大病保险投标管理暂行办法》等五项制度,对保险公司参与大病保险的投标管理、服务标准、财务核算、风险调节、市场退出等方面提出了明确的规范和要求。

截至2016年9月底,保险业在全国31个省份承办大病保险业务,覆盖9.2亿人,占大病保险总覆盖人口的87.6%。2016年1—9月,大病保险患者实际报销比例在基本医保的基础上提升了13.85%,有效地缓解了"因病致贫、因病返贫"问题。

开展大病保险是利国利民的好事,但如何将好事办好,这对保险业是一个大考。在实践中,个别保险公司服务能力薄弱,恶意竞标,有的甚至弄虚作假套取费用,或者借大病保险业务输送不正当利益,造成了负面影响。我们希望,在此次中国保监会五项制度的规范下,大病保险制度体系能逐步走向完善。

(三)城乡居民住宅地震保险正式销售

2016年5月,中国保监会和财政部联合发布《建立城乡居民住宅地震巨灾保险制度实施方案》;7月1日,城乡居民住宅地震巨灾保险产品正式全面销售。这标志着汶川地震之后,呼吁多年的巨灾保险制度终于从理论向实践迈出了重要一步。

此次建立城乡居民住宅地震巨灾保险制度,坚持"政府推动、市场运作、保障民生"的实施原则,采取"整合承保能力、准备金逐年滚存、损失合理分层"的运行模式。城镇居民住宅基本保额每户5万元,农村居民住宅基本保额每户2万元,运行初期最高不超过100万元。下一步的重要工作是推动《地震巨灾保险条例》出台,为地震巨灾保险制度实施提供法律保障。

四、保险业探索多维创新

2016年,保险业从多个方面推进改革创新,其中几项尤具积极意义。一是区域创新。6月,国务院同意在浙江省宁波市设立国家保险创新综合试验区,中国保监会与浙江省政府正式印发《浙江省宁波市保险创新综合试验区总体方案》,以期为全国保险业服务经济社会发展提供可复制可推广的经验。二是市场创新。6月,上海保险交易所正式开业,规划建设保险、再保险、保险资产以及保险衍生品等四大交易平台,逐步形成创新性、公开性的多层次市场体系。三是主体创新。6月,中国保监会正式批准首批三家相互保险社(众惠财产、汇友建工和信美人寿)筹建,标志着相互保险组织形式在我国开启新一轮的实践探索。四是机制创新。11月,最高人民法院与中国保监会联合发布《关于全面推进保险纠纷诉讼与调解对接机制建设的意见》,保险纠纷诉调对接机制推向全国。这些区域、市场、主体、机制等多个维度的创新探索,为保险业自身深化改革,以及保险业服务国家经济社会发展,都注入了新的活力。

保险供给侧改革要提高质量和效率

郑 伟

2016-02-16

保险经济学的一个基本原理告诉我们,如果一个人是风险规避型的,同时保险产品定价是"精算公平"的(即按照期望损失来定价,不附加任何费用),那么这个人"购买保险"的效用就一定比"不购买保险"要高。放松一点假设,即使保费不是"精算公平保费",而是"精算公平保费＋附加费用",只要附加费用控制在一定幅度之内,那么对于这个人来说,仍然是"购买保险"比"不购买保险"的效用高。在现实中,选择不购买保险的原因多种多样,其中既有需求侧的因素,也有供给侧的因素。

发展保险市场,从需求侧的措施看,包括增强风险认知和风险意识以提高需求方的风险规避程度,通过税优政策鼓励保险购买等。从供给侧的改革看,需要处理好两个重要关系:一是处理好保障与投资的关系,让保险成为"名副其实"的保险;二是处理好赔付率与费用率的关系,让保险成为"物有所值"的保险。本文重点谈谈保险供给侧改革的这两个关系。

2016年全国保险监管工作会议强调,"要紧紧围绕供给侧结构性改革这条主线,以服务民生为重点提高保险供给质量,以深化改革为手段培育供给新动能,以风险防范为保障夯实供给侧改革基础,抓好各项重点难点保险改革发展任务"。从微观与宏观的关联逻辑看,如果微观层面的关系(如保障与投资、赔付率与费用率等)处理不好,那么保险供给的质量和效率就无法提高,保险供给侧改革难以成功,进而宏观层面保险服务经济社会发展的目标也无从实现。

一、提高保险供给的质量:保障与投资的关系

在保险领域,保障与投资的关系的讨论由来已久。毋庸置疑,保障与投资都重要,更好的投资将带来更好的保障,在很多情况下保障与投资是不可分割的。但是,在实践和理论上,保险中的保障与投资的关系,或者说保险中风险保障的"含量",仍然是一个重要问题。

在2014年马航MH370失联事件中,有一份寿险保单至今仍时常令笔者"一声叹息",这份保单大约于马航飞机失联之前半年购买,趸缴保费20万元,根据保单约定,如果确认被保险人

身故，受益人仅能获得大约21万元的给付。对此，我不禁要问：这是保险吗？

从理论上看，保险是金融，但又不是纯粹的金融。虽然保险（特别是寿险）往往既包含保障又包含投资，与金融密不可分，但保险与金融二者还是具有本质的区别。金融强调资源的"跨期配置"，强调"资金融通"；而保险强调资源的"跨状态配置"，强调"风险保障"。

如果保险业将自己的核心功能定位于资金融通，那么国民经济布局中是否有保险就不重要了，因为银行业和证券业同样可以提供资金融通，而且这还是它们的本质功能。但是，如果保险业将自己的核心功能定位为风险保障，那么保险在国民经济布局中就不再是可有可无的了，因为风险保障以及跨状态的资源配置是保险业的独特功能，其他行业无法替代。

也正是基于保险业的这种独特性和重要性，保险"新国十条"提出"保险是现代经济的重要产业和风险管理的基本手段，是社会文明水平、经济发达程度、社会治理能力的重要标志"，要求"立足于服务国家治理体系和治理能力现代化，把发展现代保险服务业放在经济社会工作整体布局中统筹考虑"。

因此，不论保险产品如何强调投资，都不能忽视"风险保障"这个根本，风险保障的"含量"决定了保险供给的"质量"。提高保险供给的质量，必须处理好保障与投资的关系，确保保险产品"富含"风险保障，否则，保险就异化了，就变异为披着保险外衣的投资产品了。

二、提高保险供给的效率：赔付率与费用率的关系

富含风险保障的保险是个好东西，但是如果保险的价格太

高,那么这个好东西就会变味儿。保险的价格主要取决于赔付率、利率和费用率,从短期看,主要的影响因素是赔付率和费用率。赔付率对应的是精算公平保费,费用率对应的是附加费用。

在保费中,合理的结构应当是赔付率占大头,费用率占小头,也就是说,用相对较少的资源将保险运转起来。但在现实中,相反的情况并不少见,有些意外险产品,赔付率只有20%,甚至更低,费用率却高达80%。也就是说,为了产出20个单位的保险保障,却需要花费80个单位的资源投入!

在笔者看来,赔付率过低的产品是"不道德"的产品,费用率过高的产品是"资源浪费"的产品,如果用一种"资源浪费"的方式生产"不道德"的产品,那么这种保险产品存在的合理性基础何在?因此,必须处理好保险产品的赔付率与费用率之间的关系,用一种"资源节约"的方式生产"道德"的产品,以提高保险供给的效率。

在过去几年中,人身保险费率市场化改革和商业车险费率市场化改革,是提高保险供给效率的重要改革举措;2016年启动的个人税优型健康保险中有关简单赔付率低于80%部分的差额返还机制,也是提高保险供给效率的重要创新尝试。下一步,有关意外险费率的改革也十分值得期待。

三、若干其他关系

在保险供给侧改革中,正确把握保障与投资的关系,可以提高保险供给的质量;正确把握赔付率与费用率的关系,可以提高保险供给的效率。除此之外,还有若干其他关系也需要注意处理和把握,包括保险产品与服务的关系、保险价格改革与国企改革的关系、保险创新发展与风险防范的关系等。

过去,保险业的发展面临很多束缚和羁绊,舞台不够大;如今,国家社会对保险业有了很多新期待和新要求,保险业却出现了几个"跟不上",其中最突出的是"发展现代保险服务业成为国家意志,但行业发展的水平跟不上"。在这样的背景下,保险供给侧改革就显得更加急迫和重要。

关于完善我国保险市场体系的一些思考

锁凌燕

2016-08-02

近期,保险业多条新闻引发了市场内外的高度关注。6月12日,上海保险交易所举行揭牌仪式,正式开始运营;6月22日,中国保监会召开新闻发布会,称已正式批准首批三家相互保险公司进行筹建;7月7日,中国保监会在官网发布了《关于筹建华贵人寿保险股份有限公司的批复》,如无意外,华贵人寿将是贵州省内第一家法人保险公司;7月7日,中国保监会在官网发布了《广西辖区保险公司分支机构市场退出管理指引》,在广西开展分支机构退出机制试点工作。目前来看,一个包含交易所、股份保险公司、相互保险公司、自保公司和互助社等多元主体的,涵盖"线上""线下"不同交易空间的,有"进"有"出"、包容开放的市场体系架构已经基本形成,支持创新、鼓励区域协调发展的政策引领方向也已十分明确。

毫无疑问,要满足消费者不同阶段、不同类型、不同层次、不同水平的需求,必然需要一个主体丰富、区域协调、竞争有序的完善的市场体系。由于历史原因,中国保险市场是在过去几十年才开始在改革中重建发展起来的。作为非原生市场,我们有一个重要的"优势",就是能够在学习和借鉴国际经验的基础上,结合发展实际,借助顶层设计对市场体系进行主动性、系统性的谋划。海外发达国家和地区的保险市场已经发展了数百年,大多已经在市场经济条件下,经过自然演化,建立起了成熟和完善的保险市场体系。在国际保险实践中,保险交易所、自保公司、相互公司等不同形式的保险供给主体形式都表现出了各自的特点。保险交易所是分散保险市场风险的好途径,有助于创造更多衍生品以增加流动性;自保公司和相互保险公司的出现,为投保人用更灵活、更节约成本的方式获取保险保障提供了有效渠道。国际经验充分表明,一个统一开放、不同类型主体有序竞争的市场体系,有利于将保险服务长期维持在专业和高效的水平。

不过,从没有市场到逐步建立市场是一个复杂的过程,在此过程中,市场兼具转型和新兴的特征,"看不见的手"约束力还不够强,很多机构的公司治理结构尚未完善,市场本身未必能够自发实现其功能。国际新兴经济体的实践也表明,市场体系的完善,需要有严谨的监管制度保驾护航,整个过程不仅要"得其形",还要"得其神"。要做到这一点,自然需要对当下中国的市场生态有深刻的理解。

当前中国保险市场的生态,已有诸多改善:第一,对于保险行业功能的观念和看法已经得到了广泛的传播和认同,保险业经营政策环境正在以前所未有的积极态势向有利方向发展;第二,监管在行业发展过程中不断调整,正朝着"法无授权不可为""法无禁止即可为"的方向转型;第三,伴随经济结构转换和产业结构升级,资本渴望向产业价值链高端扩展、实现从实体产业向金融产业的跨越,保险业投资热度高涨;第四,不同规模的、处于不同发展阶段的险企并存,经营模式分类选择、各自创新的态势已现端倪;第五,保险在经济中的渗透度不断提高,行业在风险管理价值链中的话语权逐步提升。这些都为保险市场体系完善奠定了良好的"资源"基础,在这个时点上大胆地探索新机制,给市场明确的预期,激发其活力和创造力,不仅必要,而且恰当。

但不容否认的是,中国保险市场生态环境也存在很多问题,例如,第一,保险市场区域结构仍有失衡,且与社会经济发展失衡规律类似,而经济力和社会力的自然作用倾向于加大区域间的差距和失衡;第二,在传统经营模式下,消费者结构大致符合"二八定律",高价值贡献客户主要集中在中高收入人群,客户多层次、个性化乃至碎片化的金融需求难以得到有效满足;第三,伴随互联网金融的发展,在行业外部已经产生了多种具有保险产品本质特点的风险分散安排,这些安排是否需要以及应该以什么形式、什么节奏纳入监管范畴,尚无明确的规则、流程和标准。

在这样的环境下进一步推进市场体系的完善,可能至少需要处理好以下三大问题。

第一，如何借助市场准入政策"杠杆"促进保险市场区域协调发展？在市场准入时考虑"区域性"原则的主要目的，并不只是要单纯地增加中西部地区的法人保险机构数量。正如多年来我们的经验观察所见，作为经济"助推器"，保险市场的发展不仅是经济社会发展的"结果"，还可以在更大空间中发挥对经济发展的正反馈作用，进而形成保险市场与社会经济发展之间的正反馈循环。所以，在市场准入过程中，更要注重把握保险机构服务区域经济建设的潜力。

第二，如何引领不同类型的保险机构发挥各自的比较优势，形成各有专长、各有特点、创新发展的竞争格局，以满足消费者多元化的需求？例如，已有大量研究表明，因为相互保险缺乏对管理层的有效约束，所以更适合承保风险管理专业性要求较低、相对同质化的个体风险，实际上更适合于长尾市场的开发。但是，一种新事物的成长，必然面临一个消费者教育的问题，而面对长尾市场消费者，这项教育工作可能需要更关注普及性。先行者的探索和实践将代表相互保险的"中国含义"，具有非常重要的示范意义，需要谨慎关注和诠释。

第三，如何处理好"体制内"市场体系完善和"体制外""类保险"业态规范之间的关系？在移动互联时代的技术条件下，国内出现了许多准俱乐部式的互联网互助平台，它们用互联网的信息撮合能力取代了保险人的中介功能，用事后分摊、即收即付的互助金取代了保费的地位，因其小额、分散的资金特征和非营利性的动机导向，颇引人注目。这些业态虽然具有保险的本源特征，但并不满足《保险法》对"保险"的严格定义，尚游离于监管体制之外。如果能够对监管法律框架进行恰当的调整,以业务本质为监管内容的确定依据,在保护创新、防范风险的原则下,推进动态差异化的监管方针,在对不同性质机构分类管理的基础上,针对不同业务特点、规模和风险控制机制设定差异化的监管要求,监督引导新兴业态规范发展,不仅有利于维护市场体系的统一性,而且会进一步推动"体制内"保险机构组织变革和效率提升,促进保险市场体系完善。这实际上也提出了一个重要课题:在创新年代,监管部门也需要前瞻思考、积极变革。

小额保险发展：以产业寿险兴衰史为鉴

姚奕

2016-08-23

小额保险是一种向低收入群体收取符合其需要、收入和风险水平的保费，以承保相应风险（意外事故、疾病、死亡和自然灾害等）的机制，它同时具有社会属性（公益性）和经济属性（盈利性）双重目标，是继小额信贷后又一类用市场手段服务低收入人群、实现社会进步的金融创新产品。自1999年首次面世以来，历经十多年的发展，小额保险不仅在全球范围内覆盖了更多的低收入人群，为其提供丰富多样的风险保障产品；同时，它也成为削减贫困的有效工具之一,在普惠金融体系的构建中发挥越来越重要的作用,获得了国内外政界、商界、学界和监管机构的关注。近年来,以公私合作形式提供小额保险成为一个新的热点。作为一种探索,国务院扶贫办和中国人保集团也在最近签署了保险扶贫合作协议,利用小额保险产品开创扶贫新路径。在小额保险的实践中,由于获得政府以扶贫为导向的支持,产品的社会属性较为容易实现;而其经济属性,即产品的可持续性和盈利性始终是小额保险的薄弱环节,威胁着小额保险的长远发展。

在谈及小额保险时,人们通常认为这是一个全新的概念和产品,是承载着诸多美好愿景和重大社会责任的朝阳新星,却少有人知道为穷人提供大规模商业化的、有利可图的保险其实古已有之。在这方面,早在19世纪在英国率先兴起的产业寿险(Industrial Life Insurance)可谓是小额保险的先行者。从产业寿险的百年兴衰浮沉中,我们或许可以以史为鉴,更好地规划小额保险的发展画卷。

产业寿险,也被称为产业工人寿险,最初是为产业工人及其家属提供小额寿险保障的产品。1853年,英国保诚人寿保险协会首先推出了这款产品。1875年,这种产品被传播到美国并大获成功。在20世纪初,产业寿险的蓬勃发展为保险公司吸引了大批客户并创造了可观的利润。在其巅峰期的20世纪五六十年代,产业寿险保单份数和保险金额均达到顶峰。1963年,产业寿险承保了6500万被保险人,总保单数达到9800万份,而总的保险金额高达405亿美元。以保单数量而言,产业寿险一度占到了整个美国寿险市场的半壁江山。随后,产业寿险在定价、销售方面的一些做法为人们所普遍诟病,在监管方面也受到更加严格的限制,产业寿险日渐衰落,成为夕阳产品被迫转型。目前,美国市场上的产业寿险产品在主流市场已经销声匿迹,与之类似的产品被称为家庭服务寿险(Home Service Insurance),在美国寿险市场的影响力大不如前。

产业寿险和小额保险的目标人群一致,在许多具体运作方式也存在相似之处,比如保额较低、核保宽泛、保单简洁、理赔简易等。而产业寿险的创新性主要体现在保费缴纳方式和销售体系的建立方面。这是产业寿险贴近客户需求,并获得商业成功的根本要义。由于当时产业工人发放周薪,因此大部分产品的保费也按周收取,每周保费可低至3美分。保险代理人在每周的发薪日到投保人的家里或者工作单位门口收取小额保费。这一创新的制度设计极大地增加了缴纳保费的便利性,并及时敦促被保险人持续缴费。同时,这有利于保险代理人及时地获知和更新被保险人的经济状况以及保险需求,及时推荐新产品。为了提高保费收取的效率,每个保险代理人都在自己负责的固定区域内收取保费并发展客户。

保险代理人的薪酬主要由首年佣金、上门收取保费提成和存续佣金构成。为了激励代理人向被保险人推销合适的产品,提高保单存活率,代理人只有在保单存续一年的前提下才能提取首年佣金。此外,保险公司根据区域代理人保单存活率的相对水平向其支付存续佣金。通过这样的薪酬结构,保险公司降低了保单失效率,也降低了保险代理人流失的比例。

随着产业寿险产品的普及和商业上的成功,对其质疑也如影随形,并最终导致其衰落消亡。质疑的焦点在于产品的费用率居高不下。有的产业寿险产品的费用率甚至超出了相应普通寿险费率的两倍。随着客户经济条件的好转,购买一份额度更高的普通寿险显然优于购买多份产业寿险。这种价格歧视相当于是针对低收入客户的,这种违背社会伦理和正义的定价方式遭到广泛诟病。对于产业寿险的质疑还集中在越来越高的保单失效率,以及不当的营销手段。有的代理人向客户高压推销超出了家庭实际经济承受力的保单,造成保单失效率日渐攀升。而保单有限的转换灵活性使得许多保单都因被保险人无力续费而宣告失效,造成了被保险人的大量经济损失。这严重影响了产品形象与信誉,产业寿险产品陷入信任危机。20世纪30年代开始,纽约州率先颁布监管政策,禁止保险公司销售生死两全类的产业寿险保单。

产业寿险的兴衰史对于目前处于成长阶段的小额保险具有一定的借鉴意义。在积极方面,产业寿险作为当时的朝阳产业,它最初的成功得益于贴近客户的设计。保险公司积极从保障内容、核保理赔、保费收取等各个环节进行创新,在为低收入客户提供最大便利性的同时降低相应的管理成本。与此同时,良好的代理人激励制度使得代理人切实了解客户的需求,并提高客户黏性,从而把低保费、小保额的产品推广开来,成为低收入的产业工人负担得起,又能给保险公司带来持续盈利的产品。而随着时代的发展,产业寿险与客户持续的、增长的、长期的保险需求脱节,产品的费率过高,可转换性差,保单失效率攀升,销售方式守旧,代理人良莠不齐,造成整体的产品形象破产,直至被监管部门限制销售,被迫转型。这说明保险产品也是具有自己的生命周期的。为了保持生命力,产品需要随着客户的需求进行调整。针对低收入群体设计的产品虽然有其费率较高的合理原因，但费率过高、保单失效率过高并产生暴利会极大地影响产品的整体形象，挑战社会认知底线。保险产品的信誉与形象是其生存的基石，一旦受损便很难恢复，最终监管部门的干预对产品生命周期会产生致命的影响。

"十三五"保险业服务国家发展的几点思考

郑 伟

2016-09-09

日前,中国保监会印发了《中国保险业发展"十三五"规划纲要》(以下简称《纲要》),明确了"十三五"时期我国保险业的指导思想、发展目标、重点任务和政策措施,是未来五年保险业科学发展的重要蓝图。

《纲要》共十章,从内在逻辑看,可分为五个部分。第一部分是第一章,主题是"指导思想和主要目标",提出"十三五"时期加快发展现代保险服务业的指导思想和主要目标。第二部分是第二章,主题是"深化保险业改革",阐述保险业应当如何深化自身改革,以增强行业可持续发展动力。第三部分是第三至第六章,主题是"服务国家发展",阐述保险业应当从哪些领域去服务国民经济和社会发展。第四部分是第七至第九章,主题是"加强监管和夯实基础",阐述保险业应当如何加强监管和夯实基础,以筑牢风险防范底线、持续改善保险业发展环境并建设高素质人才队伍。第五部分是第十章,主题是"保证《纲要》顺利实施",阐述应当如何科学统筹各有关方面的工作,扎实落实各项工作任务。

本文重点讨论"保险业服务国家发展",具体回答三个问题:第一,"十三五"时期保险业服务国家发展涉及哪些重大领域;第二,保险业为何能与国家发展如此紧密相连;第三,保险业如何才能更好服务国家发展。

一、"十三五"时期保险业服务国家发展涉及哪些重大领域

关于保险业服务国家发展,《纲要》共分四章进行阐述,这实际上构成了"十三五"时期保险业服务国家发展的四大领域。第一个领域是"服务经济社会发展",重点包括经济转型、社会治理、灾害救助、支农惠农;第二个领域是"服务民生保障",重点包括扶贫攻坚、养老保险、健康保险、大病保险;第三个领域是"服务经济建设资金需求",重点包括国家重大项目和民生工程、新技术新业态和新产业、国企改革和政府投融资体制改革;第四个领域是"服务对外开放重大战略",重点包括"一带一路"、自贸区建设。

二、保险业为何能与国家发展如此紧密相连

"十三五"时期,保险业之所以能与国家发展如此紧密相连,

一是源于保险的功能,二是源于国家对保险业的重视,三是源于保险业自身实力的提升。

第一,保险的功能。保险是市场经济条件下风险管理的基本手段,保险业所具有的风险保障、资金融通和社会管理等功能,天然地与国家发展相关方面的需求紧密契合,这构成了保险业服务国家发展的内在基础。

第二,国家对保险业的重视。近些年,党中央国务院高度重视保险业在国家发展中的重要作用,特别是2014年8月国务院发布保险业"新国十条",明确提出"立足于服务国家治理体系和治理能力现代化,把发展现代保险服务业放在经济社会工作整体布局中统筹考虑",更是从顶层设计的高度,将加快发展现代保险服务业从行业意愿上升为国家意志,这为保险业服务国家发展提供了广阔空间。

第三,保险业自身实力的提升。经过改革开放以来三十多年的发展,中国现代保险市场体系日益完善,保险业综合实力显著增强,截至2015年年底,中国保险市场共有194家保险机构,2015年保费收入2.4万亿元,保险业总资产12万亿元,保险深度3.6%,保险密度1768元/人,保险市场规模全球排名上升至第三位,这为保险业服务国家发展提供了强大支撑。

三、保险业如何才能更好服务国家发展

"十三五"时期,为了更好地服务国家发展,保险业一要坚持"保险姓保",二要确保"险企不险",三要实现"消费者愿意消费"。

首先,坚持"保险姓保"。在上文梳理的"十三五"时期保险

业服务国家发展的四大领域中,至少有三大领域,包括"服务经济社会发展""服务民生保障"和"服务对外开放重大战略",显而易见地,它们所看重的都是保险的"风险保障"功能;在另一大领域即"服务经济建设资金需求"方面,虽然保险提供的是资金融通而非风险保障服务,但国家经济建设所看重的保险资金"期限长、规模大、供给稳"等独特优势,其实仍是源于保险业的长期风险保障。可见,国家发展需要保险,不是因为保险业具有资金融通的功能(银行业和证券业同样可以提供资金融通,而且这还是它们的本质功能),而是因为保险业具有风险保障的独特功能。因此,只有坚持"保险姓保",保险业才能更好地发挥风险保障的独特优势,更好地契合国家需求、服务国家发展。

其次,确保"险企不险"。保险业是从事风险管理的行业,保险公司是从事风险管理的企业,保险公司在经济社会中应当扮演"风险管理者"的正面角色,而不是"风险制造者"的负面角色。但在现实中,有些保险公司似乎在铤而走险,甚至扮演起了风险制造者的角色,由此可能产生可怕的"乘数破坏效应"。国家发展需要保险,是因为在经济社会发展过程中会遇到这样那样的风险,需要保险这一风险管理专家来为国家发展保驾护航,需要保险业"以自身的稳健来保障整个经济和社会的稳定"。如果反过来,险企成了"险"企,险资成了"险"资,那么保险的作用就不是"雪中送炭",而是"雪上加霜"了,那么保险业服务国家发展也就成为"空中楼阁"了。

最后,实现"消费者愿意消费"。保险业服务国家发展,不是在虚空中完成,而是通过为千千万万保险消费者(包括个人、家庭、企业、机构等消费者)提供实实在在的风险保障来实现的。

因此，评价保险业是否做好服务国家发展这一工作，一个重要标准就是看消费者对保险认可不认可、满意不满意，看他们愿不愿意消费保险。如果消费者对保险普遍不认可、不满意，不愿意使用保险来进行风险管理，那么何谈"保险让生活更美好"、更好服务国家发展呢？从这个意义上说，《纲要》所提出的"十三五"时期我国保险业发展的一个目标——"消费者满意度普遍提高……消费者投诉率大幅下降……行业赢得全社会的广泛认可"，虽然在洋洋洒洒30页的规划中不甚引人注目，但却可能是"十三五"时期中国保险业面临的最具挑战的任务。

由"十三五"规划纲要看保险在巨灾风险管理中的定位

刘新立

2016-09-27

近日,中国保监会印发了《中国保险业发展"十三五"规划纲要》,其中在提高服务经济社会发展能力方面,提出参与国家灾害救助体系建设的任务。在这一段落中可以很清晰地感觉到,监管部门对于巨灾保险的定位已经较为成熟。

由于巨灾风险的不确定性以及损失额度巨大的特点,因此对于巨灾的管理,应该是一个系统工程,需要很多不同部门协同管理。近年来,巨灾保险一直是学界和业界讨论的热点话题,尤其2008年汶川地震之后,呼吁出台巨灾保险的声音不绝于耳,但在相当长一段时间内,在中国推出巨灾保险的紧迫性的理由,一直是用汶川地震保险赔付率和欧美国家巨灾之后保险赔付占直接经济损失之比的巨大悬殊来说明的。这样的对比固然可以显示我们在巨灾损失补偿方面的市场化手段不足,但对于巨灾保险,甚至是所有纯粹风险的风险保障手段来说,风险事故发生之前的损失控制和风险事故发生之后的损失补偿一样重要。首先,无论补偿有多少,巨灾对全社会而言都是纯粹的损失,所以单纯的损失融资并不是风险管理的最优结果,风险管理的目标是风险成本最小化,只有将控制型措施和融资型措施有机融合,配合使用,充分发挥保险费率杠杆的激励约束作用,强化事前风险防范,才能从根本上减少灾害损失。其次,如果事后补偿没有和事前风控结合,就像承保时没有将高风险者排除在外一样,无论风险大小都进行承保的结果,要么是保费极高,对于低风险者有失公平,要么是保障水平较低,对于低风险者来说也有失公平。

只有将损失控制和损失融资有机结合,才称得上是对巨灾进行了风险管理,才是有别于其他灾后资金补偿措施的办法,否则,只能是和其他政府救灾措施类似的工具,只是换了个名称而已,并没有利用好保险与生俱来的功能。近日还听到一种说法,认为巨灾保险是灾后的措施,和政府倡导的救灾重心要向灾前转移的理念不一致。有这种误解的原因也正是对保险的灾前风险控制功能不敏感。同样的道理,在以控制手段为核心的民政救灾领域,也同样存在着如果只是灾后的控制,哪里受灾哪里补救,并不是一个积极的应对思路。就以这次河北邢台洪水灾害为例,洪水过后灾民要付出大量时间与精力清理家园,即使有灾后资金补偿经济损失,失去的亲人也无法生还了,而灾害的原因除了突降暴雨,多年来不断发展导致河道突然变窄也是主要原因,假如灾害管理的重心放在灾前,事先做好风险防范,这处风险隐患可能就会被觉察到从而及早进行治理。这是应对不确定的巨灾的积极理念,而保险天然具有应用市场经济手段践行这种理念的功能,我们应该更好地发挥这种作用。

而要将保险的风险控制功能发挥出来,有时单纯依靠保险业自身和承保对象的互动是不够的。这一功能也是灾害救助体系的一部分,这种作用的发挥应更多地通过参与国家灾害救助体系建设来完成,实际上,巨灾的风险管理着实不是一个行业能够独立完成的,它是一个多行业参与、多层次的系统,巨灾保险参与其中,可以从纵向和横向两个维度切入。巨灾保险的纵向切入点指的是保险应基于灾害风险形成的次序,根据各阶段的不同特点,发挥自身的作用。在灾前预警环节,比保险产品更重要的是保险服务,尤其是损失发生之前的服务。例如,如果承保了农业旱灾风险,能不能免费为需要的农户打一口深井?能否优惠提供滴灌设备?如果是政策性的农险公司,能否在科技兴农上做出积极的贡献,帮助投保人增强抵御风险的能力?有了这样的服务,保险会以最美好、最健康的形象深入人心。又如,随着环境的变化,全球变暖使得自然灾害风险增大,对保险业造成极大的影响,中国保险业也应高度关注世界范围内的全球变暖趋势,不仅有义务向社会各界通报这些风险研究结果,而且要在业务方面提早准备,这才是联合国强调的从目前的灾后(和危机发生后)的"反应文化"向"灾前"的"预防文化"的转变。在灾中救助环节,灾中救助使得损失得以控制,它能够体现保险业救人于危难之中的行业文化,因为保险公司是损失的赔付者,所以它也是一个很好的损失控制者。在灾后理赔环节,应使消费者对科学的责任标准有正确的理解,除快速科学理赔之外,积极参与灾后重建,也是维系客户以及展现保险业形象的大好机会。保险参与巨灾风险管理体系的横向切入点是指从巨灾风险的形成机制入手,就像治病要先了解清楚病因才能对症下药。在风险因素环节,对这些因素的掌握即是对风险的掌握,只有当我们对风险有了基本的认识,才能做下一步的风险管理措施的选择,而现在还缺乏足以支撑产品设计的风险评估结果,无论从哪一个角度来讲,巨灾风险评估都是巨灾风险管理体系的基础。在风险承担主体环节,商业性保险与再保险公司难以介入巨灾保险的原因之一就在于很多承灾体的脆弱性使其无法满足可保条件的要求,很多地区抵御自然灾害的设防水平偏低,使得灾害风险发生的频率太高。只有将经济补偿和风险控制的派生功能有机地结合起来,才能从根本上达到风险成本最小化的目标,只有通过保险这种市场机制真正降低了相同自然风险下的经济损失,保险的角色才真正得以升华。在风险损失环节,巨灾风险的一个特征就是时间的不确定性,罕见的巨灾会在保险人还未积累足够应付索赔的保费时就发生,因此,由投保人、再保险人、资本储备以及政府共同组成的风险分担机制来应付巨额的索赔,只有各个分担者的责任明晰,这个风险分担机制才能建立。

"十三五":保险要补三个短板

锁凌燕

2016-10-11

近期,中国保监会印发《中国保险业发展"十三五"规划纲要》(以下简称《纲要》),作为未来五年保险业的行动纲领,《纲要》进一步明确了保险业未来五年的目标、发展任务和举措,对于行业改革发展具有重要意义。"十三五"是我国全面建成小康社会、实现第一个百年奋斗目标的决胜阶段。细读《纲要》,可以看到,作为完善金融体系的支柱力量、改善民生保障的有力支撑、创新社会管理的有效机制、促进经济提质增效升级的高效引擎和转变政府职能的重要抓手,保险业在"十三五"期间,一方面要在"量"上有进阶,另一方面要在"质"上有更大的进展,"补短板""求创新",谋求发展的平衡性、协调性、可持续性。

保险业在"量"方面的进阶指日可期。通过几代保险人的努力,保险业经营政策环境正在以前所未有的积极态势向有利方向发展,同时,伴随居民收入和财富积累水平不断提升,中产阶级群体不断壮大,对资产配置多样化提出很高要求,保险需求和保险消费能力处于较好阶段。《纲要》预判,未来五年间保险业规模指标的增速为16%左右,是科学可行的。

"质"的提升,则是未来发展的重中之重。为了帮助个人、企业甚至社会化解风险,便利改革开放的进程,在过去的几十年中,我们的首要任务是谋求发展。在新形势下,如果过去发展过程中出现的问题不能得到及时化解,发展中存在的短板不能完善,就会危害到行业可持续发展的能力。依笔者愚见,目前行业的短板可以概括为三个方面:

第一,创新发展能力短板。从创新的性质来看,我们可以把创新分为集成式创新和颠覆式创新。集成式创新是对现有的产品、技术、流程或方法的提升、改造,以更好地满足已有消费者或市场的需求。例如,保险公司将传统保障与创新型的投资类产品组合起来,为客户提供更丰富的财富管理服务,或者利用大数据等创新技术,提升精准定价水平,等等。这类创新的驱动力主要来自行业内部,过去我们已经在这方面取得了长足的进步,但"奇葩"险种屡现,"理财险"比保障计划更受欢迎等现象,也揭示出行业的集成式创新能力还有很大的提升空间。颠覆式创新则是要从根本上突破现有的模式,依托全新的技术平台开发出全新的产品或服务,甚至颠覆整个产业原有的运行准则和竞争环境,其驱动力往往来自行业外部。例如,伴随互联网在经济生活中渗透度的不断提高,一些带有"众筹""众包""众管"色彩的风险分散安排已经出现,如果这些探索表明运行效率会大大提高,客户体验会显著改善,就可能会推动风险管理商业模式的再造。保险业应对颠覆式创新的能力,还未经历过真正的历练。《纲要》提出要坚持需求引领供给创新,探索包括管理医疗、养老社区在内的多种创新经营模式,是未来保险业提升创新能力的重要指引;而加强风险动态监测和预警、完善风险动态监测工具,则是行业创新发展条件下保险监管同步更新的重要基础。

第二,协调发展能力短板。保险业服务国家社会发展的能力有显著改善,但与经济社会协调发展的能力还需提升。一是与风险结构相协调的能力。一方面,因为覆盖面和保障水平仍然有限,企业和居民仍有大量的可保风险敞口;另一方面,伴随经济社会发展,风险的复杂程度日益加深,例如伴随人口老龄化的加速,疾病谱日趋高级化、长寿风险增加,已成为全球人身保险体系面临的重要系统性风险,而我国保险业在这方面欠缺相应的研究和经验。《纲要》在提出供给侧若干改革创新措施的同时,提出要加快新型保险智库建设,加强对前瞻性基础性和战略性问题的研究,对于提升行业风险管理水平有积极作用。二是与区域结构和城乡结构相协调的能力。目前,我国保险业的区域及城乡发展格局,在很大程度上还是经济发展的"结果",助推经济发展的"正反馈"作用还未充分显现。《纲要》提出保险业要在经济转型、社会治理、灾害救助、"三农"服务等领域提升服务水平,推动区域布局优化升级,加大对中西部地区保险资源的均衡配置,对于提升行业区域与城乡协调发展能力有重要意义。三是与开放格局相协调的能力。中国的开放格局正在发生积极的变化,从过去更多利用经济全球化深入发展和比较优势条件、通过"请进来"促进发展,转变为积极参与全球经济治理,主动建设开放型经济新体制。《纲要》提出保险业要主动对接"一带一路"、自由贸易区建设等国家重大战略,推动保险企业和保险监管"走出去",正是服务开放新格局的关键。

第三,基础制度建设短板。保险业的发展理念已经取得了突破性的发展,但支撑理念践行的基础设施还需完善。在发展过程中,保险业逐步打破了"就保险论保险"的思维局限,建立了行业发展战略的全局视角,并逐步向"放开前端、管住后端"的方向努力,让市场在资源配置中发挥决定性作用的主基调已经确定。而市场机制要充分发挥作用,还需要包括健全的法治体系、信用体系、数据信息体系等一系列基础制度作为前提,需要培育理想的保险及诚信文化,也需要一套能够提高市场交易公平程度和运行效率的监管体制。《纲要》提出"十三五"期间要夯实基础,坚持依法合规,完善基础设施,提升保险意识,营造良好的社会环境,研究建设中国保险消费者权益保护中心和保险消费者保护基金以强化市场化监督机制,正是为市场改革的深化搭建坚实的平台。

总体来看,"十三五"期间保险业发展的关键就是"补短板",实际上也就是进一步夯实行业可持续发展的根基;而这些"短板",实际都是过去发展中的薄弱环节。解决这些问题,无疑需要创新的思路和举措,需要创新的机制和能力。保险业向创新驱动发展的转变,一方面要进一步强化企业创新主体地位和主导作用,进一步完善现代企业制度、加强产权知识保护,以科学先进的法治体系引领和保障企业创新,通过加强重大理论问题和基础理论研究,为企业创新提供智力支持;另一方面,监管部门还要进一步推动政策供给优化,政策覆盖面要向创新链前后端延伸,形成统筹推进的工作格局。

"三医联动"与深化医改

郑 伟

2016-11-24

"没有全民健康,就没有全面小康",随着2020年"全面建成小康社会"倒计时的临近,深化医改再度重磅发力。近日,经中央全面深化改革领导小组第二十七次会议审议通过,中共中央办公厅、国务院办公厅转发了《国务院深化医药卫生体制改革领导小组关于进一步推广深化医药卫生体制改革经验的若干意见》(以下简称《若干意见》),为已经进入深水区和攻坚期的"深化医改"加油添力。

这一轮新医改,酝酿启动于2006年,正式实施于2009年。2006年6月,国务院常务会议决定成立"深化医改"部际协调工作小组,研究提出深化医改的总体思路和政策措施。2007年年初,深化医改协调小组委托北京大学等六家国内外知名机构(后来增至八家)研究医改方案。2008年4月,《关于深化医药卫生体制改革的意见(征求意见稿)》出台。2009年4月,中共中央国务院《关于深化医药卫生体制改革的意见》发布,"新医改"正式实施。

八年来,医改阶段性成果有目共睹:一是职工医保、城镇居民医保和"新农合"参保人数超过13亿,参保覆盖率稳固在95%以上,在较短的时间内织起了全世界最大的全民基本医保网;二是基本医疗卫生服务可及性明显提升,80%的居民15分钟能够到达医疗机构;三是个人卫生支出占卫生总费用的比重持续下降,由2008年的40.4%下降到2015年的30%以下;四是人民健康水平显著提升——人均预期寿命从2010年的74.83岁提高至2015年的76.34岁,孕产妇死亡率由2008年的34.2/10万下降至2015年的20.1/10万,婴儿死亡率由2008年的14.9‰下降至2015年的8.1‰,总体上优于中高收入国家平均水平,用较少的投入取得了较高的健康绩效。

与此同时,深化医改正处于爬坡过坎的关键时期,利益调整更加复杂,体制机制矛盾更加凸显。为解决一些历史遗留的深层"硬骨头"问题,此次《若干意见》再次强调医疗、医保、医药的"三医联动",并将其置于医改典型经验的突出位置,希冀藉此推动医改向纵深发展。

为何"三医联动"如此重要?因为根据国家卫计委提供的资料,"从前期改革实践看,'三医'联动得好,改革就有实效,'三医'联动得不好,缺乏有效的抓手,就不同程度地存在着联而不动、动而不联的情况,难以形成有效合力"。在这样的背景下,本文集中讨论"三医联动"中的两组核心关系:一是医药与医疗的关系;二是医保与医疗、医药的关系。

首先,看医药与医疗的关系。

医药通常是医疗的"必要"组成部分,"药到病除"从一个侧面说明了医药在医疗治病过程中的重要角色,但是,在我国过去较长一段时期,医药与医疗的关系发生了变异,医药变成了医疗的"必须"组成部分,即不管是否必要,反正在医疗服务过程中必须开药,而且时常必须开"大处方"、做"大检查",这就是常被诟病的"以药补医"。

"以药补医"是一个很可怕的现象,其可怕之处不是在于多花几个冤枉钱,而是在于长期的"大处方、大检查"将大面积损害人民群众的身体健康,进而可能对整个国家和民族的未来发展产生系统性的潜在伤害。而且,对于"以药补医",患者个人通常是无力改变的,因为在医疗领域,"供给决定需求"是常态,需方通常没有能力与供方讨价还价。因此,"以药补医"问题亟须通过改革来解决。

解决"以药补医"问题,看似简单,其实不然,因为在我国,"以药补医"有其历史深层背景,即医疗服务价格被长期压低,严重扭曲。在这种背景下,如果只是简单粗暴地破除"以药补医"、强推"医药分离",而没有同时推进医疗服务价格改革、落实政府对公立医院的投入责任,则将严重挫伤医务人员的积极性,甚至产生极其严重的后果(比如2000年韩国的医生大罢工)。

《若干意见》在要求"破除以药补医"的同时,明确提出"建立健全公立医院运行新机制"。兼顾这二者,是一条重要的改革经验:一方面,"所有公立医院取消药品加成",对"以药补医"釜底抽薪;另一方面,"同步调整医疗服务价格",体现医务人员技术劳务价值,并且落实政府投入责任。在这一改革中,基本前提是"确保公立医院良性运行、医保基金可承受、群众负担总体不增加",基本要求是"总量控制、结构调整、有升有降、逐步到位",基本路径是"腾空间、调结构、保衔接"。

怎么"腾空间"?一是通过规范诊疗行为;二是通过降低药品和耗材费用。怎么"调结构"?一是降低药品、耗材、大型医用设备检查治疗和检验价格;二是提高诊疗、手术、护理、康复和中医等医疗项目价格,从而逐步增加医疗服务收入在医院总收入中的比例。怎么"保衔接"?一是做好与医保支付的衔接;二是做好与分级诊疗的衔接;三是做好与费用控制的衔接。

其次,看医保与医疗、医药的关系。

医保在"三医联动"中具有基础性作用,它一头连着需方,为参保人提供医疗保障;另一头连着供方,对医疗和医药实施监督制约。这种监督制约既可以从外部入手,又可以从内部着力,还可以通过创新提高效率和质量。

一是从外部入手。医保可以通过"规范诊疗行为"实施外部监督,利用信息化等手段对所有医疗机构门诊、住院诊疗行为和费用开展全程监控和智能审核,做到"事前提醒、事中控制、事后审核"。

二是从内部着力。医保可以通过"全面推进支付方式改革"(包括按病种付费、按人头付费、按床日付费、总额预付、按疾病诊断相关分组付费(DRGs)等),同时通过建立结余留用、合理超支分担的激励约束机制,激发医疗机构规范行为、控制成本的"内生动力",进一步发挥医保对医疗费用不合理增长的控制作用。

三是通过创新提高效率和质量。医保可以创新经办服务模式,"在确保基金安全和有效监管的前提下,以政府购买服务的方式委托具有资质的商业保险机构等社会力量参与基本医保经办服务",在提供医疗保障的同时,以更高的效率和质量,实施对医疗和医药的监督制约。

CCISSR 行业发展与规划

谨慎推进相互保险公司发展

完颜瑞云

2016-03-01

相互保险公司作为保险业特有的一种公司组织形态,独立于目前我国《保险法》承认的保险公司组织形式之外,所特有的"自愿联合、相互扶助"的理念,与保险制度的特征之间具有天然的契合性。事实上,相互保险公司是最为原始的保险组织之一,和社会保险以及商业保险一起是保险三大主要存在形式,我国之所以没有在一开始就发展相互保险,主要是因为商业保险在我国先入为主的发展。随着保险市场的逐渐完善,也是由于相互保险在推进保险业发展、促进保险市场均衡和满足个体差异化需求方面起着举足轻重的作用,近年来我国开始大力推动相互保险,从政策上和市场上为相互保险的发展鸣锣开道。截至2015年年底,已经有20余个组织申报相互保险公司,这表明相互保险公司在我国的发展也只是时间的问题。然而,在推动互助保险在我国发展的同时,也要警惕其可能存在的风险,以防20世纪90年代末世界范围内出现的去相互化的情形。

相互保险公司一度在世界范围内得到了快速的发展。自从1756年世界上第一家真正意义上的相互保险公司——英国公平保险公司成立,相互保险公司在全球得到了快速发展。此后,德国、日本、英国分别制定了《保险企业监督法》《保险业法》和《1856年相互保险法》,正式从法律的角度确认了相互保险公司的组织形式。在20世纪初,一度出现了股份制保险公司转变为相互制保险公司的浪潮,比如当时三家最大的保险公司(大都会、保平和宝德信)。这一系列市场行为和政策引导使得相互制保险公司的发展达到了一个高峰。

相互保险公司之所以在世界范围内得以迅猛发展,最本质的原因在于其相对股份制保险公司所特有的优势。

首先,相互制保险公司不以营利为目的,重视互助和分红。从定义来说,相互保险是指具有相同风险保障需求的人通过缴纳保费形成基金,当合同约定的事故发生而遭受损失时,由基金承担保险金赔偿责任的保险活动。可以看出,相互保险的本质是互助,不以营利为目的,当合同结束时,若基金有剩余,会以分红的形式返还给保单持有人。其次,相互保险公司所有权结构具有高度分散的特征,保单持有人即公司所有人。相互保险公司是由众多具有类似风险,且有相同保险需求的保单持有人自发组织起来,保单持有人对公司的所有权与股份制公司的股份持有人不同,不但受制于公司章程,还和保险合同密切相关。再次,相互保险公司没有股东,经营业绩只对自己负责。相互保险公司实现了出资人、债权人和客户三者的融合,能够消除利益冲突,保证了客户的忠诚度,有利于公司的稳健发展。最后,相互保险公司的保险产品具有价格低(即保费低),风险小的特征。这一特征体现在两个方面,一是相对股份制公司来说,相互保险公司的业务来源比较集中,进而能够控制销售成本;二是由于相互保险公司的客户即公司所有人,所以天然就会规避逆选择,并且可以在一定程度上降低道德风险。这样一来,相互保险公司的保险产品保费就会很低,保险标的的风险也相对较小,这也是为什么相互制保险公司一般经营医疗风险、农业及畜牧业类风险的原因。

然而,20世纪90年代后期,相互保险公司的发展开始进入低迷期,尤其是90年代后期出现了去相互化的潮流,一些大型保险公司如法国安盛、美国大都会等纷纷从相互制转为股份制。据 Sigma 统计显示,1997年全球十大保险公司中,有7家是相互制保险公司,而到了2014年,前50大保险公司中只有9家相互保险公司,排名第15位的日本 Nippon 寿险公司是位居最前列的相互保险公司,而在1997年其排名全球第2位。上述经验说明,我国在推动相互制保险公司发展的时候就应该首先明确去相互化的原因,警惕相互保险公司发展过程中所面临的风险。

保险公司的去相互化受到诸如经济环境、国际局势以及技术创新等因素的影响,最本质的原因在于其经营本身面临的特有风险。

首先,相互保险公司的所有权具有高度分离的特征。一般而言,保单持有人对公司具有的投票权并不是以投入的保险金额确定,而是以保单份数确定,那么团体保险的保单持有人与一般保单持有人具有同样的投票权,这样一来任何一个保单持有人都不可能对公司具有绝对的控制权。在这种情况下,保单持有人对公司的经营和管理就缺乏监管激励,公司所聘请的职业经理人就有可能会架空保单持有人,在基金管理和基金投资领域所作决策也许并不是以公司的利益为出发点,由此产生了经营风险。

其次,根据相互制保险公司的经营规则,当公司偿付能力不足时,保单持有人具有追加保费的法定义务,否则就视为自动放弃对公司的相应权利。这种规则会导致两方面的风险:一是会衍生出类似非法集资性质的运营风险。相互保险公司可以据此规则变相多收保费,用收到的保费进行各种投资,许诺保单持有人高分红高回报,并逐渐偏离保险本质,变成挂着相互保险名义的非法集资平台;二是容易导致公司破产或转变经营性质。相对股份制公司来说,相互制保险公司集资较难,不能从资本市场发行股票筹资,当自身偿付能力不足时,如果保单持有人不再信任公司的经营能力或者行使自己对公司的所有权,就会脱离公司,最终导致公司破产,或者从相互保险公司转变成股份制公司,这也是20世纪90年代末世界范围内出现去相互化的主要原因之一。

最后,相互保险公司的内部和外部治理结构相对股份制保险公司并不具有优势。相互保险公司的内部治理结构分为成员代表大会、董事会和管理团队三个层次,名义上管理团队对董事会负责,董事会对代表大会负责,实际上董事会一般并不存在,管理团队如果存在架空成员代表大会的情况,就会导致公司内部治理结构不完善,出现一系列问题。相互保险公司的外部治理机构只有政府监管一个层次,而股份制保险公司的外部治理结构包含了资本市场、职业经理人市场和政府监管三个层次。目前我国对相互保险公司的监管规定和办法只有2015年年初颁布实施的《相互保险组织监管试行办法》,对相互保险公司的监管办法目前也只限于一般的经营规则,多是参照传统保险公司执行,对相互保险公司所特有的风险防范和偿付能力等方面缺乏一定的指导和建议。

总之,相互制保险公司的发展在丰富我国保险市场主体、推进保险业发展、促进保险市场均衡和满足个体差异化需求等方面能够起到一定的作用,对我国保险业的发展意义重大。但是由于我国保险市场还没有达到成熟的程度,推进相互保险公司的发展要持谨慎态度,警惕发展过程中去相互化的可能性,在完善我国相互保险公司监管制度以及识别相互保险公司风险的同时,稳步推进相互保险公司的发展。

为何环境污染强制责任保险发展缓慢

赵昊东
2016-06-07

环境污染强制责任保险是强制要求一定行业领域内的环境风险企业必须对其未来可能发生的环境污染侵权责任进行投保的一种责任保险。实施环境污染强制责任保险意味着中国政府运用最严厉的环境监管机制倒逼企业增强环境风险防范意识、提高环境管理水平的决心。

近些年来,我国环境污染事故频发,危害极其严重,但是由于保险市场并不发达,企业侥幸心理强、风险意识差,投保的自觉性较低,环境污染责任保险推行的效果不太理想。在这种背景下,中国政府推出了一系列的法规和政策促进环境污染责任保险发展。2013年,中华人民共和国环境保护部与中国保监会联合发布《关于开展环境污染强制责任保险试点工作的指导意见》,要求涉重金属企业投保环责险,鼓励石化、危险化学品生产经营、危险废物处理处置及其他高环境风险企业投保;2014年8月,国务院印发《国务院关于加快发展现代保险服务业的若干意见》,提出把与公众利益关系密切的环境污染等领域作为责任保险发展重点;2015年5月,中共中央、国务院《关于加快推进生态文明建设的意见》提出深化环境污染责任保险试点;2015年9月,《生态文明体制改革总体方案》中要求在环境高风险领域建立环境污染强制责任保险制度。

环境污染强制责任保险不仅要有国家政策的大力扶持,试点地区的推广工作的配合也相当重要。例如,江苏省不仅把环责险推广情况作为地方政府"生态文明建设目标责任书"的考评指标,同时还以投保状况作为评价企业信用程度的一项重要指标;安徽省专门出版了环境污染责任保险服务手册来指导环责险推广普及工作。

然而,环境污染强制责任保险在我国的发展状况并不理想。据统计,2014年全国范围内22个省份有超过5 000家企业投保,而截止到2015年12月,仅剩下4 000多家企业投保,并且其中大量企业没有续保意愿。从保费收入来看,环境污染责任保险年保费收入刚刚突破亿元大关,相对于我国2.5万亿元的保费规模来说几乎可以忽略不计;与美国环责险保费每年多达40亿美元相比,中国环责险保费收入更显得微不足道。总体来看,我国环境污染责任强制保险的发展进入了瓶颈阶段,究其原因,可以从法律制度、配套机制、政府支持、保险运营和社会意识五个方面来分析。

第一，缺少统一而强有力的法律层面的保障。环境责任强制保险的实施归根结底依靠的是法律制度的完备，尤其是法律层面的统一规制。在2015年新《环保法》的修改草案中没有关于环境污染强制责任保险的内容，仅仅设置激励性质的条款，直接导致各地环境责任强制保险的主管部门没有明确的法定权限，工作中难以放开手脚。

第二，环境侵权责任法律制度不完善。环境侵权责任不能依法被追究，导致了环境责任的相关法律制度如同虚设，从而大大降低了环境责任强制保险推行的社会需求。其原因是多方面：首先，企业环境侵权责任和政府环境责任在司法实践中分担不明确，对于污染惩治手段不够强硬、对于责任处罚额度过低、对于环保执法责任分配不够明晰，动摇了环保法在环保执法中的权威性；其次，环境损害赔偿诉讼通道不通畅，尤其是个人难以依法追究企业责任，环境公益诉讼的司法实践尚待推动；最后，企业责任与企业管理层个人的行政责任在事故发生后划分不清也是企业投保的一大阻力。

第三，保险运营的配套机制不完善。首先，我们缺乏一个完善的激励机制。环境污染责任强制保险是一个经济政策险，在我国并没有先例，其作为新的环境经济政策，即使强制推行也应当进行适当的引导，必须得到财税政策的支持，投保企业和承保公司双方都需要国家在政策上予以激励，目前来说，这方面的工作基本为零。其次，评估机制的滞后。与一般的财险相比，环境责任强制保险专业性要求更强，包括环境风险量化和不同行业或企业间差异的评价,需要专门的环境风险评估准则、污染损害认定、赔偿标准等一系列相关配套技术标准的支持。我国环保部门还未建立起正式的量化环境污染风险的技术流程和标准,虽然一直处于筹划阶段,但尚不能独立运行。

第四,政府支持力度不足。由于环境责任保险事故后果严重,影响广泛,其牵扯的政府机构往往较多,更因为处理起来颇为棘手,环境问题引发的群体性事件已经成为"维稳"的难解症结之一,是社会群体事件和上访问题的重灾区,许多政府机构往往避之不及,不愿意承担责任。环境责任强制保险作为环境问题的解决方案之一,本应受到政府机构的大力支持,但因为权限不明,众多政府管理部门不愿意承担管理职责。

第五,保险产品设计不科学。我国环境污染责任强制保险产品设计主要存在以下问题:一是我国市场上已经推出的环境责任强制险保单大多只是保险公司将国外环境责任保险产品稍作修改后的产物,在中国不接地气;二是环境责任强制保险赔付率低下,保险费用偏高,对于企业来说不具备吸引力;三是保单品种单一,险种设置不合理。

通过专门法律制度的安排对一定领域的环境风险企业适用强制性环境责任保险将是我国环境污染风险社会化、市场化管理重要的发展趋势。我国目前环境责任保险的试行结果不理想,并不意味着要放弃环境责任保险制度,而是要通过政府立法实施强制性的环境责任。当然,环境污染责任强制保险立法反映的是一国社会经济发展的实际状况,只有处理好经济发展与环境保护的关系、平衡社会公共利益与企业利益,才能真正做到整体协调发展。

保险交易所：促进流动性和风险分散的平台

刘新立
2016-06-14

6月12日,上海陆家嘴论坛期间,上海保险交易所举行揭牌仪式,正式开始运营。实际上,上海在2010年就开始讨论保险交易所的建设,一直以来,市场对这一新颖模式十分关注。

国际上典型的保险交易所包括伦敦劳合社、纽约巨灾风险交易所和健康保险交易所等,虽然在具体形式上略有不同,如伦敦劳合社是会员制的交易模式,纽约巨灾风险交易所是类似证券交易所的挂牌交易模式,但其核心目的都是通过构建一个平台,促进某类产品交易的活跃性及保险资管产品的交易流通,通过激活流动性,达到更好地分散风险、降低成本的目的。

纽约巨灾风险交易所源于1994年成立的一家再保险中介机构,致力于为保险行业,特别是再保险开发一套交易系统,1995年批准作为保险交易所,允许保险人转移部分保单以减轻巨灾风险,之后其业务范围又拓展到再保险的交易。得益于互联网的发展,纽约巨灾风险交易所开发的交易系统不断改进,目前是世界上唯一一家能够为整个风险交易的全过程提供服务的系统开发商。这意味着再保险人、保险经纪人、保险代理人可以在一个整合的系统中进行保险配置、保险承诺、保险合同生成、报表、理赔、报告和信息沟通等。此平台每年的保费和赔付总额超过60亿美元。交易的活跃性降低了风险分散成本,这使得与传统形式相比,纽约巨灾风险交易所提供的服务更为精准,价格也更低。用户可以实时进行保险配置和调整保险范围,并根据突发事件来进行实时的处理。2000年,全球范围内通过这一平台进行的保险交易达到了五百笔。纽约巨灾风险交易所充分发挥了软件系统收集、分析与沟通信息的优势,其旗舰产品 Pivot Point 作为一款能够使经纪人、代理人、再保险人在线管理业务的整合软件,功能涉及资产配置和合同管理、财产信托会计和分类账控制、赔付管理、多币种处理、分保明细表处理、综合管理信息报告等多个方面,用户来自全球二十个国家。它在2009年采用了微软·Net 框架,这意味着整个软件的运作都在互联网上进行,无论用户使用何种操作系统和设备,都能够运行该软件,而且由于软件运算由纽约巨灾风险交易所直接提供,用户体验更为流畅,发生运行错误的可能性也更小。

美国的另一个保险交易所,健康保险交易所也是通过市场平台的作用,弥补了市场缺陷,有效地扩大了保险覆盖面。美国健康保险交易所一般由各州组建,用以帮助那些符合奥巴马医改法案(ACA)标准的人购买健康保险。保险交易所中提供享受联邦补贴的标准医疗保险方案,供用户选择。符合ACA标准的用户须在特定的时间进行注册。除此之外,美国的许多州还设有非ACA的私人健康保险交易所,覆盖人数达到300万人。这些保险交易所出现的时间早于ACA保险交易所,主要帮助中小公司的雇员购买健康保险。

健康保险交易所并非健康保险的提供者,而只是起市场平台的作用,不过交易所可以选择符合标准的保险公司在保险交易所内销售产品。对于联邦政府的ACA医疗保险交易所来说,其主要功能是为符合奥巴马医改法案的美国居民提供保险产品。其医保方案分为简单的金、银、铜三个级别,分别有不同的费率和保障方案,用户可以根据自身的需要进行选择。这些健康保险并非是由政府直接提供的,而是由政府选择一些保险公司来提供,各个地区的保险提供商不同,政府对参保人提供补贴。

非ACA的保险交易所主要面向中小企业的雇员。中小公司在与保险公司进行员工医疗保险谈判时无法像大企业那样具有谈判资本,因而其员工享有的团体医疗保险可能并不令人满意,或者无法享受到企业员工健康保险,由此他们就具有了健康保险的需求,保险交易所正好提供了一个让投保人和保险公司进行对接的平台。

20世纪80年代,健康保险交易所首次出现在私人保险部门。健康保险交易所利用计算机网络技术整合了赔付管理、可保性审查与在线交易等。这种保险交易所的方式发展迅速,其客户主要是中小企业雇员。奥巴马就任美国总统之后一直致力于推动医疗改革,而建立医疗保险交易所就是其医疗改革的核心内容之一。他提出要建立一个一站式的保险交易购买中心,美国居民可以在线比较各种保险。众议院曾经试图建立一个统一的联邦医疗保险交易所,但这一提议被从最终通过的法案中删除了,现在仍由各州构建医疗保险交易所,州政府可以选择加入保险交易所的联合网络,也可以选择建立一个本州居民使用的保险交易所。

美国的医疗保险过去一直是主要由企业提供的员工保险计划,中小企业的雇员和个人投保者在选择医疗保险时的选择范围则相对小得多。医疗保险交易所正是为了解决这一问题而被发展出来的。投保人可以在一个平台上比较各种医疗保险后再做出选择,而保险公司也可以将市场扩展至个人保险购买者。在 ACA 通过之后,医疗保险交易所成为奥巴马政府推进医改的重要方式。医疗保险交易所使得保险的购买变得更为方便也更为便于比较,这使得 ACA 提供的医疗保险的参保人数迅速增加,同时,联邦政府通过保险交易所提供的保险产品发放补贴,提高了效率。医疗保险交易所的信息流动性很高,加强了市场的透明性,促进了市场竞争,为投保人带来了实惠,也有利于医疗行业的发展。

由这些国际经验可以看出,除提供传统市场难以提供的产品之外,保险交易所实现了有序市场竞争,通过多种形式促进了风险分散,有力地保护了保险消费者,同时还有助于不断完善公共服务。

洪水无情 保险有益

范庆祝

2016-09-13

《管子·度地篇》里面提到,"五害之属水为大",数据可以直观地显示洪水的危害程度。民政部、国家减灾委办公室会同国土资源部、水利部等部门对2016年7月全国自然灾害基本情况进行了会商分析。经核定,2016年7月,直接经济损失为2331亿元,因灾死亡人口804人,紧急转移安置人口454.1万人次,房屋倒塌33.7万间,其中洪水和地质灾害造成的直接经济损失为2132.9亿元、占比91.5%,死亡人口为671人、占比83.5%,紧急转移安置人口

414.6万人次、占比91.3%,房屋倒塌为31.6万间、占比93.8%。据河北省民政厅数据,截至7月23日,河北洪水受灾人口达904万,因灾死亡114人、失踪111人。这些数字触目惊心,在中国,水灾特别频繁,且灾害特别严重,由于没有洪水保险,最终的保险赔偿占实际损失的比重很低。

他山之石,可以攻玉,首先让我们看一下美国在洪水保险方面的成熟经验。

美国的洪水保险是从立法着手,由政府运作管理,保险公司参与实施,目前已建立起一套较好的洪水保险运作模式。1956年美国国会通过了《联邦洪水保险法》,设立了联邦洪水保险制度。1968年国会通过了《全国洪水保险法》,并据此制定了《国家洪水保险计划》(NFIP),建立了洪水保险基金。联邦保险管理局(FIA)负责NFIP的管理,FIA与国家洪水保险人协会(NFIA)建立合作关系,形成了政府运作、保险公司参与的格局。NFIP是一项国家免税计划,通过向个人和企业提供洪水保险和进行洪泛区管理,来减少洪水灾害的经济损失,一开始这一计划采用自愿投保的方式,1973年12月,美国国会通过《洪水灾害预防法》,NFIP由自愿投保改为强制投保,被确认为洪泛区的社区必须在一年内加入NFIP,否则该社区的资产所有者将无法享受联邦政府的灾害救济或者灾害贷款等实惠。1978年,由于FIA和NFIA之间的权责不明确,FIA解散了与NFIA的合作,1982年,FIA与私营保险公司重新合作建立了新的NFIP,提出"以你自己的名义计划"(WYO计划),在这一计划中,私营保险公司负责出售洪水保险,根据出售的保单数量获得佣金,FIA负责赔付和资金运作,这一计划体现了国家在洪水保险管理中的主导地位,保证了经费可以在全国范围内调用,又充分调动了私营保险公司的积极性。

实践表明,美国的洪水保险是提供洪水灾害救助最有效、最合理的方式,2004年美国国家洪水保险改革法的序言中提到NFIP具有以下功能:"识别洪水风险;向公众提供洪水保险信息……加速洪灾后的恢复,减轻未来损失,拯救生命,减少个人和国家的洪灾成本。"

鉴于中美两国的国情不同,美国在实施洪水保险过程中的成功经验直接拿到中国来不一定适用,还要具体考虑中国的社会、经济、大众意识、水灾特点等方面的显著差异,但洪水保险一些规律性的东西在任何地方都是不变的,我们至少可以从以下三个方面借鉴美国的成功经验。

一是尽早出台专门洪水保险法。我国涉及洪水保险的法规是在个别相关法律中提及,如《中华人民共和国防汛条例》第四十一条:"对蓄滞洪区,逐步推行洪水保险制度,具体办法另行规定。"2006年国务院制定的《关于加强蓄滞洪区建设与管理的若干意见》中指出:"积极开展洪水灾害损失保险研究,建立有效的洪水灾害损失保险体系,化解蓄滞洪区洪水灾害损失风险,实现利益共享、风险共担,提高社会和群众对灾害的承受能力。"这些法律法规中仅仅是简单提及洪水保险,我们需要制定一部类似美国《全国洪水保险法》的法律,对洪水保险的性质、作用、保费收取以及政府、保险人、被保险人之间的权责利等做详细规定,是实施洪水保险的法律依据。很多人认为现在制定我们自己的全国洪水保险法还不具备条件,但是回顾美国的法制建设历史,现有成熟的《国家洪水保险法》已经围绕一系列问题进行了多次修改，甚至在将来还会不断地更新和完善。因此，在借鉴发达国家成功经验、结合中国实际的基础上，通过立法确立我国洪水保险的主旨思想和主要规则，授权相关立法部门在以后的实施中根据实际情况对已有法规和制度不断修正、更新和完善。

二是制定全国洪水风险图。洪水风险图是在全国实施洪水保险计划的基础依据，是确定参加对象、保险费率的重要依据，洪水风险图还可以增强保险行业保障经济社会发展和人民生命财产安全的能力。美国1959年开始制定洪水风险区边界图，1968年推行NFIP后绘制社区的洪水保险费率图，尚未完成费率图的社区参加NFIP的应急计划。上海在2014年推出了我国首张水灾风险地图，全国的各流域风险地图也应该加速推出，建立与我国国情相适应的经济指标体系以制定各流域、地区保险费率。

三是建立政府主导，商业保险公司参与的洪水保险市场，充分调动政府和企业的积极性，提高蓄滞洪区管理水平，减少洪灾损失。这一安排并不是照搬美国经验，而是由洪水保险的性质决定的。洪水保险具有低概率、高损失的特征，还是一种准公共物品，因此商业保险公司无法独立承担洪水保险的供给。据《中国水利统计年鉴》数据，洪灾引起的损失巨大，1998年、2010年、2012年洪灾引起的直接经济总损失分别为2 551亿元、3 745亿元、2 675亿元，我国现行的洪灾补偿救助制度主要是由各级政府对受灾居民进行救助，相对于巨额的洪灾损失，无异于杯水车薪，根本无法满足受灾群众恢复生产生活的需要。因此需要政府和企业联合，在法律框架内，由中央政府某部门牵头成立洪水保险管理中心，负责全国洪水保险计划的管理，并与商业保险公司建立联系,国家的洪水保险计划由洪水保险管理中心运作,保险公司实施,这样可以充分调动政府和企业的积极性,提高对洪灾进行补偿和救助的效率。

中国引入洪水保险确实困难重重,我国的蓄滞洪区已经人满为患、洪水高风险区的开发已成既定事实、社会保险意识弱、还没有自己的全国洪水风险图等,但是即使困难再多,我们也需要洪水保险。国际经验已经表明,政府和保险公司合作是管理洪水风险的有效模式,就我国国情而言,经济正处在快速增长期,城市化尚未完成,迫切需要洪水保险保障经济正常发展,减少城市化过程中人为加重水灾损失。习总书记提出:"不能因为包袱重而等待、困难多而不作为。"我们应该利用这种精神,加快推进有关洪水保险各方面的工作,让老百姓面对洪水时多一种保障。

职业年金市场化运营四大难题待解

邹青

2016-10-25

作为实现我国养老金制度从双轨制向单轨制平稳改革的排头兵,职业年金一直被管理当局寄予厚望,并陆续出台了相关政策和制度规范以保障其稳步向前发展。2015年4月6日国务院办公厅发布《国务院办公厅关于印发机关事业单位职业年金办法的通知》(以下简称《通知》),要求各机关事业单位从2014年10月1日起实施职业年金制度,同时还对单位和个人缴费的比例做出了强制性的规定,从而为职业年金的缴费来源给予制度上的保障。近日,人社部、财政部联合公布的《职业年金基金管理暂行办法》(以下简称《办法》)进一步拓宽职业年金的投资范围,规定年金基金投资股票、股票基金、混合基金、股票型养老金产品的比例,合计不得高于投资组合委托投资资产净值的30%,这意味着职业年金也与基本养老保险基金、企业年金的管理模式一样,开启了市场化运营的新篇章。

扩大职业年金规模,对于降低并轨制度改革阻力、有效缓解各级财政未来的养老支付压力,都具有非常重要的意义。管理部门在制度上给予职业年金存量逐步增长保障的同时,还需要采用恰当的运营手段来促进其保值增值。由于市场化的运营方式可以在很大程度上保证职业年金分享经济增长带来的红利,《办法》中提到通过选择合格的受托机构,并借助于其对年金进行的专业化、精细化的运营,必然会大大有助于实现职业年金的增值目标。然而,在笔者看来,至少在受托机构、差异收益率、空账运行及代理成本和风险分担等四个方面还需要进一步的研究与探讨。

首先,关于受托机构的问题。按《办法》第三条的规定,职业年金采用的是集中委托投资运营的方式,并将代理人(省级社会保险经办机构和中央国家机关养老管理中心)分为国家级和省级两个层级,且每一层级的代理人都有权代委托人直接行使委托职责。这意味着34个省级社保经办机构和中央国家机关养老保险管理中心最终都有可能聘任合格的投资主体,最大可能会出现35个受托机构。多个受托机构同时运营受托资产固然有利于形成一种良好的竞争局面,但弊端也很明显:一是分散了当下本来规模就不太大的职业年金。职业年金的缴费率相对较低且部分缴费不能形成实账基金,加之当下还有较大部分行政事业单位并未完全推行年金制度,使得现有的年金存量较小,倘若此阶段还实行多投资主体共同投资运营的方式,受规模的约束会使得投资的风险得不到充分化的分散。二是很可能会出现一部分受托机构盈利而另一部分受托结构亏损的局面。为追求更高且稳健的收益率,各大投资管理人都会进行一定的风险管理措施(如风险对冲)。但对市场形势的判断不同会导致所采用的风险管理工具并不能发挥应有的作用,甚至在极端的情况下还会产生相反的效应,这就很可能造成一家主体的盈利是建立在其他主体的亏损之上,并不利于职业年金整体规模的提升。

其次,关于差异收益率问题。根据《办法》第四条的规定,代理人可以建立一个或多个职业年金计划,但对这些年金计划的收益率并未要求原则性的统一。这意味着对一个建立了多个年金计划的代理人而言,其运营的职业年金在同一个计划年度内可能会出现差异化的收益率。这至少会带来两个问题:第一,不公平感的蔓延。同一省份内不同的地域所缴纳的职业年金,若被分配到了不同的年金计划,其收益率的差异可能会滋生内部更大的不公平感。第二,容易产生寻租行为。《办法》赋予了省级代理人选择投资主体的权限,他们会通过各项调查以评估受托机构投资水平的高低(若其决定选择委托投资而不是自身亲自运营),但对市县一级的社保经办机构而言,为获得更大的政治业绩(年金收益率的高低),可能会通过与省一级社保经办机构进行某种利益交换,从而在对其归集的职业年金分配年金计划时处于更为有利的地位。

再次,关于空账运行的问题。《通知》第六条规定,对于职业年金账户的个人缴费部分采用实账积累,但对由财政全额拨款的单位,单位缴费部分采取记账模式,每年按照国家统一的记账利率计算利息。这意味着职业年金中有很大的一部分会出现空账运行的状态。尽管空账的设立在短期内确实有效地缓解了财政的支付压力,但从长远来看,未来做实账户时财政会面临大额的支出,即使彼时财政有了大规模的盈余积累,也无法做到有效应对。此外,目前我国并未出台统一的记账利率标准,而是各省人力资源与社会保障厅根据当地上一年平均工资增长率及一年期定期存款利率等综合制定,使得记账利率的水平较低。如上海市2015年城镇职工基本养老保险的记账利率为2.75%,但同期全国社保基金投资收益率为15%,企业年金的投资收益率为9.88%。市场化的运营收益率远远高于记账利率,表明空账未来的增值速度会明显低于实账,其运行成本极度高昂。

最后,关于代理成本与风险分担问题。《办法》主要采用双重代理的总体思路来安排职业年金的权属关系:由委托人(参与职业年金计划的机关事业单位及其工作人员)选择代理人,再由代理人选择受托机构来经营年金。虽然这种集中处理的方式较委托人直接选择受托机构会更有优势,但也存在着一些不足之处。一方面,多重代理加大了代理成本。在第一重代理中,由于代理人与委托人之间的关系更多地表现为一种行政关系,其代理成本的高低主要取决于行政机构的奖惩机制是否能充分有效地发挥作用。对第二重代理而言,代理人与受托机构的代理成本主要取决于代理人是否有一套好的运行机制以甄别优质的受托机构,如何对受托机构的运营过程进行恰当的监督,又如何降低双重代理带来的代理成本的增加,以及如何在逆向选择或道德风险严重损害委托人的利益时对其进行补偿。另一方面，投资运营过程中出现的风险分担机制还存有不足之处。《办法》主要通过提取20%的基金管理费作为风险准备金，以应对可能出现的亏损。倘若在运营过程中由于投资决策判断失误而发生了大规模的亏损，《办法》却并未就超出这部分风险准备金的亏损额如何分担做出规定。按照一般意义上的理解，委托投资中风险的主要承担者理应是委托者本人。但根据《办法》的规定，委托人并没有选择其他代理人的权利，且对后续的代理人选择受托机构也无权介入，就权责对等而言，不能将投资出现的亏损归责于委托方。此外，代理人主要是基于部门规章的授权而代为运营资金，由其承担全额的亏损也不合适。为此，政策制定者应综合各方面的实际情况、集思广益，尽快出台相关政策文件以解决此类风险的分担问题。

毋庸置疑，随着人口逐步老龄化日趋明显，职业年金的市场化运行对于平稳经济、平滑养老金改革的重要作用越来越突出。但关于差异收益率、空账运行、代理成本及风险分担等问题还有待进一步解决。因为这些问题关系到是否能取得参与职业年金计划的机关事业单位的支持，关系到该项制度能否持久地运行，也关系到并轨制改革能否顺利完成。妥善解决这些问题将为我国职业年金充分发挥养老金保障的第二大支柱作用打下坚实的基础。

交互保险：一种值得借鉴的新型保险组织形式

完颜瑞云

2016-11-29

《中国保险业发展"十三五"规划纲要》在"完善现代保险市场体系"一节中指出，要"积极发展自保、相互等新型市场主体，不断丰富新业务形态和新商业模式"。引入国际成熟保险组织形式，发展新型保险市场主体一方面能够丰富和完善保险服务体系，增强保险市场发展活力；另一方面能够填补我国保险行业空白，提高服务经济社会能力。在此背景下，探索研究在美国等发达保险市场十分成熟和常见的交互保险（Reciprocal Insurance Exchange）具有较强的现实意义。

一、交互保险是国际上成熟的保险组织形式

交互保险又称互惠保险,是指具有相似风险保障需求的人以相互帮助、共摊风险为目的,通过专业第三方管理者将自身风险与其他人进行相互交换的经济活动。其中,进行风险交换的人称为认购人(Subscriber),第三方管理者称为实际代理人(Attorney-in-fact)。交互保险至今已有一百多年的发展历史,与相互保险一样是互助类保险的类型之一,目前主要存在于美国和加拿大等北美国家。

以美国为例,2014年美国共有交互保险组织近两百家,保费收入超过530亿美元,其中不少国际知名的大型保险组织均采用了交互保险形式。如1922年成立的美国联合服务汽车协会(USAA)以美军士兵为主要认购人,拥有超过2.8万名雇员,认购人超过1140万。2015年实现保费收入167.86亿美元,总资产达1370.76亿美元,在美国所有保险公司中排名第22位。再如Farmers Exchanges,以世界闻名的苏黎世保险集团控股的Farmers Group, Inc.(FGI)作为实际代理人,是美国最早的交互保险组织之一。还有成立于2007年的PUER交互保险组织,2015年实现保费4.9亿美元,连续9年实现保费40%以上的增速,是近年来美国保险市场发展较快的交互保险组织之一。

二、交互保险的起源及基本特征

交互保险组织最早产生于1881年,在美国纽约的一家商人俱乐部,6名面临着火灾风险的干货商人由于不满意保险公司的火灾保险费用过高且服务质量不佳,签署了一个互相救助的备忘录,约定每家都承诺出资 2 000 美元,如果有人遭受火灾损失,大家将在 2 000 美元额度内对受损者提供经济补偿,这就是第一个原始的交互保险协议。这种互相帮扶的经济互助形式一出现,就受到其他同样面临火灾损失风险的商人追捧,大家纷纷申请加入其中。上述 6 名商人组成了一个委员会,负责审核申请人资格及处理损失赔偿等日常事务。随着认购人不断增加以及认购人所在行业的多样化,委员会越来越力不从心,就雇用了专业的实际代理人来负责交互保险的所有日常事务,委员会退居幕后监督实际代理人的行为规范。自此,交互保险的实际代理人制度初步建立起来。

然而,这种事前商定赔偿额度,事后向未遭受损失的认购人收取保费的形式存在很大的违约风险,而且受损认购人经常不能及时得到补偿,这显然不利于交互保险的健康运营。因此,运营一段时期以后,实际代理人倡议,所有认购人事前将承诺支付的保费以存款的形式(Premium Deposit)交给实际代理人管理,遭受损失的认购人最多可享受保费存款十倍的赔偿,并且在年终结算时,实际代理人会将剩余保费存款返还给未遭受损失的认购人。这一倡议得到广大认购人的认同,自此,接近于现代交互保险的经营模式正式确定。

从目前国际交互保险市场的发展情况看,其具有以下几个主要特点:

第一,实际代理人制度。实际代理人制度是交互保险区别于其他保险主体的最显著特征。实际代理人由交互保险组织的董事会或会员代表大会聘请,权利由所有认购人让渡,受董事会或会员代表大会监督,经营管理交互保险所有的日常事宜,对全体认购人负责。作为管理者的实际代理人并不是交互保险的认购人,这就将风险池和管理平台天然隔离,保证风险池的风险不会蔓延。这种更为专业化的管理保证了交互保险高效可持续运行,同时又节省了成本。

第二,区别于一般保险公司的运作模式。和股份制保险人相比,交互保险的保费也是缴足制,但在保费盈余的分配上有所不同。认购人如果发生损失可以获得保险赔偿,如果没有发生损失,认购人可以选择拿回保费盈余或继续存在特定账户。这一特征使得交互保险在美国享受很多税收优惠政策。

第三,不以营利为目的。交互保险的经营目标是服务所有认购人,不追求利润最大化,作为交互保险所有人的认购人既是投保人又是被保险人,通过事前签订的保险赔偿协议,可以最大限度地降低道德风险,同时可以简化核保核赔流程,使得经营费用尽可能地最小化,为认购人提供成本低廉的保险产品。

第四,不是严格的法人组织。在交互保险中,认购人可以是法人机构,实际代理人也可以是法人机构,但两者并不一定组成一个实际的法人实体,严格说来它只是一个交换保单的平台。因为这一特征,交互保险在发展之初并没有独立的法人地位。随着法律制度的完善,现代交互保险组织已具有一般经济实体以自身名义起诉利益相关方的权利,或授权实际代理人代为行使起诉权或被起诉。

三、交互保险的监管

在交互保险组织出现的早期,管理层以交互保险并不是法人实体来逃避保险监管部门的监管。但这一现象并没有持续很长时间,目前交互保险均接受监管部门的严格监管,一些常见的保险监管方式同样适用于交互保险。除此之外,美国等地的监管部门还根据交互保险的特征制定专门的监管办法,以防范由于交互保险的经营不善而影响经济和社会稳定。

让我们来看看美国交互保险的发展历史。1900—1925年是美国交互保险快速发展时期,1925年就已经有200多家交互保险组织,业务范围也从火险逐渐扩展到其他领域,如车险、责任险、健康险和寿险等。然而,到了20世纪30年代初期,由于对实际代理人监管不足及立法严重滞后,交互保险组织的财务稳定性急剧下降,偿付能力不足,部分组织出现破产或解散。统计显示,1935年美国交互保险社的数量已经不足50家。这一情况对美国保险市场和经济社会环境造成了非常恶劣的影响,此后美国开始加强对交互保险的监管立法工作。

虽然交互保险并不具有实体性质,也不是常规的保险公司,但目前美国几乎所有州的监管机构在制定监管规则时都普遍把交互保险当成经济实体或保险公司。在资金运用、准备金提取、产品费率、盈余分配、信息披露、再保险安排、破产清算等领域的监管要求几乎和一般保险公司及相互保险组织一样,不同之处在于对交互保险组织尤其会加强实际代理人的监管。另外,在市场准入方面,交互保险组织必须满足一定的资金要求才能成立,并且不同规模交互保险组织的最低资本要求不同。盈余分配是交互保险监管中比较重要的部分,目前美国各州的保险法均对交互保险的盈余分配制定了比相互保险还严格的监管办法。

四、在我国发展交互保险的现实意义

第一,有利于扩大风险保障人群,提高保险的渗透率。我国商业保险近年来发展迅速,但也有很多领域商业保险渗透度偏低,甚至存在空白地带。如中低收入人群、农民、小微企业、贫困人群和残疾人、老年人等特殊群体,这些群体风险较高且比较集中,由于缺乏盈利前景和风控技术,普通保险公司不愿涉足其中。作为一种经济实惠的保险制度安排,交互保险通过实际代理人可以为这些有风险保障需求的人群提供专业管理技术(如产品设计、保费存款管理、损失赔偿等),甚至可以通过合理的渠道提供一定的资金支持。我国保险市场还有着广阔的潜力和现实需求,而交互保险是可以刺激我国保险需求潜力的一种新方式,扩大保险覆盖人群,满足普惠保险需求,体现保险社会稳定器的作用。

第二,有利于推进相互保险非营利性和营利性的结合。相互保险在我国方兴未艾。但和股份制保险公司不同,相互保险实行不追求股东盈利的会员制,具有较强的社会性和公益性。由于种种原因,我国企业对非营利性投资的接受程度有限。从国际上来看,交互保险实现了相互保险的非营利性和营利性的结合,一方面交互保险组织保持了非营利性,另一方面实际代理人可以通过收取管理费而盈利,为投资方提供了获取合理盈利的切入点。以 Farmers Exchanges 为例,这一交互保险组织包括 Farmers Insurance Exchang、Fire Insurance Exchange 和 Truck Insurance Exchange 三家相互保险组织,均由其会员所有,共同的实际代理人 FGI 是苏黎世保险集团的下属集团,而苏黎世保险集团早已在瑞士证券交易所上市,并且是全球排名前一百的大规模上市公司。另外如美国本土的 Erie Insurance Group 交互保险的实际代理人也是一家上市公司。

第三,有利于引导民间自发互助保险需求,规范民间互助保险行为。随着我国居民生活水平的提高,对自身风险保障的需求与日俱增,出现了大量不同规模和不同性质的互保互助团体,比如农机互助组织、渔业互助组织、社区大病互助组织以及一些网络互助团体等。一方面,民间互助保险需求正越来越广泛地自发涌现,对这些互助保障需求必须客观看待,而不能一味限制甚至打压。另一方面,当前民间互助组织鱼龙混杂、良莠不齐,部分存在不规范的行为,蕴藏着一定的风险隐患。如果不加以引导,民间自发互助一旦出现大量风险事件,可能导致基层民众利益受损,甚至影响社会稳定。通过引入交互保险的实际代理人制度,将有利于引导并规范民间互助保障,促使其逐步纳入政府监管范畴,走上健康有序发展轨道。

共享经济与互联网保险

刘新立
2016-12-06

互联网保险概念的提出已有时日，近年来，在此方面的探索与创新也一直未有停歇，2015年，互联网保费在总保费收入中占比已上升至9.2%，相较于2011年，互联网保险保费收入增长近69倍。互联网保险创业蔚然成风，这些创业公司针对传统保险市场上的价格、服务、理赔等痛点、难点进行了升级，各类平台深挖用户需求，从不同角度试图切入这块蛋糕。但快速奔跑的同时，又感觉有些阻力还需进一步克服，如互联网保险只是一个渠道还是新的模式或业态，如何处理传统保险和互联网保险的竞争，进而，互联网保险要如何发展。

与此同时，共享经济的概念逐渐为更多人所知。共享经济指的是将个人拥有的过剩资源分享给其他人使用，并获得某种意义上的收益。另一个相关的概念是"零成本社会"假设，提出者认为，物联网连接了数十亿人和数百万组织，从而极大地提高了人类社会的生产率。

共享经济无疑是一种商业思维的创新。罗宾·蔡斯的租车网站被认为是共享经济的开创者，她打破了传统租车公司只能在网点租车还车的惯例，以及按天计时收费的模式，取而代之的是更灵活的租车地点和计价时间单位。分析发现，她之所以能够有此创意，发掘出人们的潜在需求，和她丰富的成长经历有关。她成长于一个外交官家庭，幼时到过多个国家，上过多所学校，在这样的成长经历中，她需要不断调整自己以适应原本陌生的环境，然后再离开熟悉的环境重新去适应，相较于一直在熟悉环境中成长起来的人，她更敢于冒险，不惧变化，甚至对她来说，变化才是更让她习惯的。此外，她需要更细致地观察环境，这样才能知道自己应该怎样调整，这也无意中培养了她的敏感。正因如此，她能够发现共享经济巨大的商业空间。罗宾·蔡斯认为其租车网站之所以成功，有三个重要的前提：一是从经济方面来说，人们愿意分享一部车；二是互联网和无线技术连接起来的科技平台让分享变得更容易；三是顾客是可以被信任的，他们会在不受监管的情况下取车、还车，用公司的信用卡加油，并保持车内清洁。尽管在当时，她的观点并不被很多人所认同，但就像诸多最初提出新奇创意的人，时代选择了她，或者说，消费者内心的需求选择了她,而互联网等技术的发展让人们的需求有了实现的平台。在其网站上,有五句话特别引发人们的思考:让我们打造一个富足的经济;让我们发现过剩产能,并将其释放出来;让我们开放资产、数据,还有头脑;让我们努力解决气候变化和贫富不均问题;让我们创造一个我们愿意生活其中的世界。这也正是共享经济对人类的贡献的宣言。可以看出,她对需求的关注和对如何实现需求的思考已经到了一个极高的层次,已经深入到了对人、对世界的关注,因此,偶然中有更多必然的因素。

共享经济的核心思想是将人们的过剩资源分享出来,这个世界上有很多被占有而不被使用的东西,如果有一种渠道能使人们认识到这些,并且激励他们将这些发掘出来,就能使经济效益飞速增长。全球最大的连锁酒店——洲际酒店集团,用了65年的时间发展了4 400家酒店;而希尔顿酒店也用了95年,在88个国家拥有了3 800家酒店;Airbnb却只用了4年时间就达到这些业绩,这充分说明了共享经济的奇迹。

互联网保险与传统保险相比有一定的优势。首先,保险公司的风控模型可以借助互联网保险实现风险分析的动态化。传统保险公司的风控模型更多是静态的,而互联网保险则可以基于物联网等新数据源对客户的风险进行动态定价。其次,客户体验。传统保险公司与客户的互动较少,而互联网保险可以通过更友好的界面与客户保持密切沟通。

共享经济无疑可以使互联网保险如虎添翼。在共享经济的背景下,互联网保险的发展可以分为三个层次。最初级的层次是保险产品的在线化。在这个层次中,互联网可以看作保险销售的一种渠道,保险公司开发适用于网络销售的简捷产品,借助互联网的技术,将产品的核心功能更清晰地、更丰富多彩地展现出来,甚至是采用场景化的方式,就像现在的购物网站力图发展的模式,即让客户有在实体商店购物的视觉体验。作为用于管理风险的一种产品,场景的展示更为重要,可以让消费者更深切地体验到风险的危害,从而激发消费需求。然而,共享经济并不仅仅是互联网购物,所以产品的在线化只是一种初级层次。第二个层次,是供需双方的交互融合,在一定深度的交流中,消费者提供给保险公司更丰富的消费需求信息,保险公司可以通过大数据分析客户的消费偏好,可以进行风险定价的动态化,同时,这种融合也有助于培育消费习惯。第三个层次则更能体现共享经济的精髓,即发掘出人们在实际社交或虚拟社交中的过剩社交资源和过剩消费体验资源,进行消费体验的分享。实际上,在其他行业,目前已经有很多大大小小的网站已经认识到了这一点,通过使用各种方式进行分享激励,聚拢了巨大的用户群。此时,每个已经被拉入这个群体中的潜在消费者,都成为隐形的代理人,这将彻底颠覆之前依靠传统代理人推广产品的速度。而且,由目前成功的共享经济案例来看,一个突出的共同点,一定是让消费者体验到便捷和便宜,尤其是虚拟社交中的分享,实实在在地实现了这种便捷和便宜。此时,传统代理人可以更集中于理财设计师和咨询师的角色。

共享经济是未来竞争的一种取胜之道,谁能够用共享的方式建立社区,获取用户,谁就将是胜出者。

构建可持续发展的健康保险创新生态系统

锁凌燕

2016-12-27

商业健康保险市场正面临前所未有的发展机遇。一方面,商业健康保险被定位为深化医药卫生体制改革、发展健康服务业、促进经济提质增效升级的"生力军",政府政策红利正在落地中;另一方面,伴随社保体系的改革、老龄化进程的推进、居民财富水平的提升、医疗技术的进步等趋势,商业健康保险需求不断释放。数据显示,2016 年 1—10 月,我国健康险业务原保险保费收入 3 647.74 亿元,同比增长 79.94%,呈现出强劲的发展势头。

当然,在行业产出"量"不断增长的同时,我们更须关注发展的"质"要如何得以提升。可以说,保险业之所以被"委以重任",关键就在于对"效率"和"多样性"的追求,着眼点就是市场主体不断创新、藉以提高医疗卫生体系和保障体系运行效率、满足民众多元化保障需求的能力。但我们同时也看到,目前健康险仍然存在专业性不强、结构失衡等问题,产品功能重收入替代、轻费用补偿,运行"寿险化",难以引导医疗资源的有效配置;税优健康险试点以来,也面临"叫好不叫座"的尴尬局面,市场主体的创新活力并没有充分释放出来。实际上,一直有一种声音认为,商业机构经办、承办基本医保和大病保险,只是对社保部门功能的简单替代,实属不必。如果商业机构不能体现在效率方面的优势,不能通过创新发展承担制度角色,各种支持和辩白也会越来越虚弱无力,健康保险行业也有可能失去当前来之不易的良好发展势头。

客观地说,健康保险创新并不容易。任何具有生命力和竞争力的创新,一定需要在产业链的各个环节,都有科学的理念、完善的政策和机制以及参与各方的能力作为支撑。但健康保险产业链复杂,涉及卫生体系"四梁八柱"、主体繁多,要构建一套健康的、良性循环的健康保险创新生态系统,必须要有贯穿全价值链的、创新导向的监管流程和政策环境,引导多种来源资本和各类企业/主体的专业技术能力积极投入、共同作用。

首先,商业健康保险创新发展,涉及基本医保、卫生、财政税收、保险监管等各个方面,顶层设计尤为重要。目前,商业健康保险创新面临的政策环境,仍然有诸多限制。例如,保险业一直在积极探索为客户提供更经济有效的、从前端的疾病预防、健康保健到最终的危重病治疗等一系列新型健康管理服务,在发挥风险保障功能的同时,帮助消费者获取合意的健康服务并节约医疗资源,实现民众、行业与国家共赢的局面。但目前保险公司难以介入并影响医疗过程,医疗费用风险管控空间和健康服务提供能力十分有限。如果医疗卫生体系改革中不能为支付方留好合作"接口",我们理想的创新局面就无从依托。医保合作能力的不足,可能是未来十年甚至更长时期内健康险创新发展面临的重大瓶颈。再例如,根据监管要求,税优健康险产品要采取"医疗保险+个人账户积累"的创新万能险模式,同时要大大放松核保要求,这本来可以引导保险公司开发更具创新性的风险控制技术,比如"治未病",但由于监管办法同时规定简单赔付率不得低于80%,保险公司所付出的健康管理成本可能就得不到合理补偿,公司自身的独特优势也难以发挥,反而不利于促进创新。未来,要特别注重广泛吸收、协调包括卫生与保险业界、学界以及政府各部门多方面的意见,形成切实可行的、鼓励创新的顶层设计。

其次,要能吸引大量长期、稳定的战略性资本投入。近年来,大量资本进入保险业,给外界留下了保险业"不差钱"的深刻印象。但是,必须承认,伴随主体增多、保险牌照价值日益稀释、监管优化、资本投机空间不断缩小,商业健康保险业要能够持续吸引资本投入,必须正视资本逐利的本性。健康险在目前的中国,被赋予了很多惠民生的内涵,这在一定程度上也是享受优惠政策的"对价",所以经办基本医保、承办大病医保、经营税优型产品等,在机制设计上就是非营利的,公司多希望藉此提升认可度,以打开非政策类业务市场;从另一个角度讲,如果政策环境不能支持健康保险公司探索创新商业模式,逐利的资本要么会选择退出,要么就会选择通过用储蓄型的负债业务支撑资产端行为来获利。任何一种局面都无益于健康保险的可持续发展。除了要为市场主体争取创新空间外,监管者可能还要格外重视对资本要素的监管,关注投资者的资本实力和持续投资能力。

再次,要能引导各类企业/主体培育起相应的专业技术能力。中国的健康保险市场仍然是一个欠发达市场,近年来出台新"国十条"、《关于加快发展商业健康保险的若干意见》以及商业健康保险个人所得税优惠试点等政策,都是完善商业健康保险产业政策的重要努力。从某种程度上讲,这也是从国家政策的高度为健康保险"代言",对于提升健康保险意识、激发市场需求有重大作用。但任何一个国家的产业政策,都远不止是为欠发达产业提供"保护",而是希望为正在发展中的市场主体提供一个时间窗口,以培育其专业能力和创新能力。也是因为与医疗卫生机构合作能力受限,我国健康保险经营主体的专业能力一直没有得到全面的进步,大多通过"干中学"和模仿国际同行提升自身的产品开发与服务管理能力。不能回避的是,保险产品与服务天然具有开放性,其创新极易为竞争对手所知,且极易被对方模仿,缺乏对保险公司创新成果进行保护的有效手段,所以很容易出现适销热门产品市场竞争激烈,很多对专业性要求高的细分市场需求(如长期护理、失能收入保障需求)又缺乏有效供给的情形。考虑到这种特点,要调动健康保险创新主体活力,激励企业和投资者持续的创新投入,可能需要更加注重市场开放并鼓励竞争,推动创新来源多样化、参与者多样化、经营模式多样化。一方面,打造综合与专业化组织分工合作、股份、相互乃至交互保险等多种组织形式并存、大中小不同规模机构并存的产业组织体系,通过竞争激励企业提高生产效率;另一方面,要鼓励行业依托全新的技术平台开发出全新的产品或服务,甚至颠覆原有的运行准则和竞争环境,例如,可以探索借助大数据、物联网、基因工程和人工智能等前沿科技,构建基于网络平台的健康管理流程,打造相应的保障计划,实现创新能力的"弯道超车"。

CCISSR 政策与监管

把握税优政策契机 推动健康险创新发展

锁凌燕

2016-02-23

2月16日,中国保监会官网公布首批个人税收优惠型健康保险的运营准入名单,人保健康、阳光人寿、泰康养老率先获得税优型商业健康险市场的通行证,各方企盼的税优型健康险离我们越来越近。

健康险税优政策的落地,对于商业健康保险业的正面意义是毋庸置疑的。这种"需求侧"政策,会显著地提升全社会对商业健康险的消费意识,提高健康险在广大人群特别是个人所得税纳税主体中的覆盖率;更重要的是,这项政策折射出来的税收原则和价值观导向意味着健康保险业正面临十分有利的发展环境。税收政策是现代政府干预、调控保险市场的重要手段之一。综观全球,如果一国的价值观导向注重鼓励个人积极参与健康风险保障安排、鼓励市场在资源配置中发挥决定性作用,就会倾向于对健康保险执行轻税原则。1982年中国人民保险公司上海分公司经办"上海市合作社职工医疗保险",商业医疗保险实现了零的突破,但之后很长一段时期,社会医疗保险和补充医疗保险对商业健康保险的"挤出"效应十分明显,市场发展十分有限;税优政策落地,标志着商业健康保险已经被定位为多层次医疗保障体系的有机组成部分。这非常有利于使消费者对保险的态度由现在的被动购买变为主动购买,对健康保险业发展的拉动作用不容小觑。

然而,税优政策主要是改变了健康险产品的相对价格,政策红利的"变现"最终还需要让消费者的潜在需求转化为切切实实的购买,也就是还要看消费者的购买意愿是不是能真正地被激发出来,保险业能不能更好地基于消费者的需求提供产品和服务以创造消费者价值。我们在任何时候谈论健康保险,都脱离不了这样一个前提,即健康险需求本质上是一种衍生需求,消费者的基本诉求是希望能够在健康险的帮助下,以恰当的成本、在恰当的时间,获得恰当的医疗服务。而眼下我国医疗服务消费领域最受关注的焦点问题,莫过于"看病难、看病贵"。"挂号起五更,排队路漫长""头痛感冒三五天,一月工作全白干",这种调侃生动地描绘了当前医疗服务消费的"痛点"。必须承认的是,医疗卫生领域存在着三元悖论——医疗服务的广覆盖、低成本与高质量难以同时实现,往往只能同时满足两个目标,而放弃另外一个目标;而医疗资源的紧缺,会进一步增加实现政策目标的难度。

近些年,保险业致力于加快商业健康保险发展,在很多方面进行了积极有益的探索,产品的科学化水平逐渐提高,基本形成了保障完备的产品体系,但触及"看病难、看病贵"问题,仍然有力所不逮之处。由于医疗资源特别是优质医疗资源紧缺,保险公司很难取得与医疗机构平等的谈判地位,很难介入并影响医疗费用的形成过程,从而难以为客户提供就医方面的便利和价格优势;保险公司为了规避道德风险而力推的给付型疾病保险,虽然能够缓解消费者的疾病经济负担,但在提供就医便利和疾病管理方面则是"先天不足";部分尝试为顾客提供全面健康管理服务的保险公司,因为可以利用整合的资源有限,可以合作的健康保健机构服务质量参差不齐,虽然能够提供包括健康咨询、生活方式指导、预约挂号等各种服务,但服务不够精细,"性价比"表现不是非常出色。

健康险难以解决消费者"痛点",发展就会受限;渗透度不够,又无益于改善其在医疗卫生体系中的相对弱势地位。如此循环,政策红利就不能充分地释放出来,健康险发展动力就会因之受损。要走出这种低水平陷阱,克服各种不利因素,保险业需要主动探索出一套创新的发展方式,补短板、增能力,使产品结构更好地适应需求结构。

健康险税优政策的实施,既是压力,也是发展方式创新升级的契机。2015年8月出台的《个人税收优惠型健康保险业务管理暂行办法》对符合优待资格的产品特征做出了清晰的界定,实际上已经指明了健康险结构调整的方向。根据该办法,税优产品至少要符合三大特征：一是"重费用补偿"，需采取万能险方式，包含医疗保险和个人账户积累两项责任；二是"低门槛"，不得因被保险人既往病史拒保，并保证续保；三是"高性价比"，要求简单赔付率不得低于80%。这一方面是要求保险公司更深入地参与到医疗行为管控中去，另一方面也突破了传统的健康保险经营原则：既约束风险拣选能力，又压缩费用空间，经营难度可以想见。但机会总是孕育在风险之中，如果能够借助税收优惠提供的需求激励，培养其稳定而充足的客户群体，保险公司也许有机会突破风险管理能力的低水平循环。

保险公司作为市场主体，最善于发现并把握机遇；虽然在健康险的专业化经营方面大家都需要继续学习，但各公司创新产品服务、改善经营方式的努力一刻也没有停止过。笔者久坐书斋之中，自然不敢断言健康保险业将采取哪条路径"突围"，只觉有两大"助力"也许是可以倚仗的。

一是伴"健康中国"成为国家战略而生的"大健康"产业概念。"大健康"的概念是随着健康理念的延伸而产生的，它围绕着人的衣食住行和生老病死，关注各类影响健康的危险因素和误区，提倡健康管理，进而衍生出"大健康市场"。因为市场潜力巨大，大健康概念的吸睛指数飙升，对各路资本的吸引力也与日俱增，健康产业链快速拓展。如果保险业能够积极地与大健康产业中的"增量"部分建立风险共担、利益共享的合作机制，或者进行深层次的股权渗透和资本融合，就有望为客户提供更成本有效的、从前端的疾病预防、健康保健到最终的危重病治疗等一系列全面优质的健康管理服务；这种模式运行有效，就可以逐步向以三甲为核心的医疗体系渗透，最终增强健康保险业的整体医疗风险管控能力。

二是以"大数据""智能化""移动互联"等为代表的新技术。保险业是技术密集型产业，但因为我国保险业发展历史不长，在数据积累和数据运用方面与国际同行还有很大差距。创新技术的出现，使得保险业有可能在传统的业务数据和财务数据之外，收集并快速分析客服、官方网站、社交媒体、地理信息、可穿戴设备乃至行业外各类数据，从纷繁的线索中获取与被保险人风险相关的有用信息，不仅可以提升科学定价水平，而且可以更有效地识别索赔欺诈等经营风险，进一步强化风险管控能力。

保险业"营改增"
——"税"主沉浮

段志明
2016-03-29

2016年3月5日,国务院总理李克强在《政府工作报告》中指出,今年将全面实施"营改增",从5月1日起,将试点范围扩大到建筑业、房地产业、金融业、生活服务业。3月24日,财政部旋即发布了《关于全面推开营业税改征增值税试点的通知》(以下简称《通知》),作为对《政府工作报告》的具体落实。这意味着我国营业税原有的九大税目将被全面纳入到增值税的范畴,营业税将正式退出历史舞台。而保险业作为金融行业的重要子行业,将不可避免地面对"营改增"带来的机遇和挑战。

事实上,在 2015 年的《政府工作报告》中,"力争全面完成'营改增'"便作为一个重要目标被提了出来,但是由于建筑、房地产、金融和生活服务等行业具有的不同程度的复杂性,这一目标未能如期实现,客观上也反映了"营改增"将给这些行业带来的巨大挑战。其中,对于业务流程比较复杂、不确定性程度较高的保险行业,"营改增"带来的挑战尤其艰巨。

通常,增值税的征收方式包括一般征收和简易征收:一般征收通过销项税和进项税的抵扣得到应交税额,而简易征收则只需根据营业收入的价外比率交税。由于"营改增"的主要目的是完善增值税抵扣链条,避免重复征税,而简易征收的问题在于保险公司不能开具增值税专用发票,下游企业也就不能用于抵扣,这明显与政策的初衷相悖。所以,容易断定,保险行业的增值税将会按照一般征收方式计征,这一点也在《通知》中得到了证实。笔者认为,在一般征收方式下,保险公司至少要面对以下三个方面的问题。

首先,销项税的计税基础过于隐蔽,给发票的流转和抵扣带来困难。所谓增值税,是指对企业在经营过程中价值增值的部分征税,这决定了销项税的税基应该是企业的营业收入。对于大部分行业来说,营业收入直接对应于销售的价格和数量,销项税的税基明确,所以,增值税发票可以直接随着销售流转到下游企业并用于抵扣,而保险公司的特殊性在于它采用隐性收费的方式,大部分保费收入需要作为准备金用于将来的赔付,真正进入利润表的只是其中较小的一部分,于是销项税的税基与保费收入不存在明确的对应关系,这将为保险公司和下游企业的会计处理带来不小的困难。产生这一问题的根本原因在于保险的营业周期较长,在权责发生制的原则下,保费收入与营业收入在每一会计年度都不存在对应关系。理论上,保险业营业税的征收也存在类似的问题,现行的做法是以保费收入为税基进行征收,预计增值税销项税的计算也会延续这一做法,不过,《通知》对此尚无明确说法。

其次,进项税的抵扣不足,大部分支出难以认定。这是对金融行业甚至服务行业征收增值税存在的一般性问题,原因在于这类行业的人力成本普遍比较突出,而个人由于不能开具增值税发票,使得这一部分支出无法进行进项税的抵扣,这将极大地加重企业的税收负担。具体到保险行业,还包括退保支出、赔付支出和准备金支出等各项支出,同样存在进项税不能认定的问题,这会进一步加重保险公司的税收负担。为解决这一问题,通行的做法是设置相对较低的增值税税率,据毕马威中国分析,金融保险业对应的增值税税率将被设定为 6%,这一推断已经在《通知》中得到了验证。

最后,也是最为棘手的问题,是"营改增"对于保险公司整个业务流程的再造。营业税是价内税,而增值税是价外税,但"营改增"不只是计税方法的改变,还会涉及保险公司前、中、后台几乎所有的业务流程,包括精算系统、承保系统、销管系统、理赔系统、再保系统、收付系统和财务系统等各个方面,会计报表中的大部分科目的核算也将随之受到影响。当然,首当其冲的还是保单的定价和销售。为解决这一问题,监管层和保险公司需要投入大量的时间和精力,为此,保险行业营改增的时间表也是一再推迟。

除了以上三个问题之外,保险业"营改增"还存在税收优惠的对接、征管方式的改变等各种问题。事实上,在世界范围内,也没有对以上问题形成切实可行的方案。在增值税制非常发达的欧盟国家,虽然已经实现了保险业的"营改增",但各个成员国的具体政策也不尽一致,税收政策在具体实践过程中也是诸多龃龉。尽管如此,我国对保险业进行"营改增",依然是税收制度甚至经济体制上的进步,将为保险行业甚至全产业带来更多的机遇。

首先,"营改增"将为保险行业注入更多活力,全面提升整个行业的吸引力。在原有的税制下,保险行业的营业税无法用于下游企业的增值税抵扣,削弱了保险特别是财产保险对企业和个人的吸引力,无形中造成了整个行业的发展阻力。所以,增值税制能够激发社会对购买保险的动机和意愿,有利于构筑全面的国民社会和经济安全网。

其次,保险业"营改增"能够降低重复征税行为,从而更好地支持国民经济发展。"营改增"能够为下游企业尤其是生产制造企业减轻千亿级的税收负担,较好地配合我国现行的供给侧改革政策,有力地刺激国民经济的增长,为转型中的中国经济提供更好的支持。所以,保险业"营改增"的意义不仅局限于这一行业,更重要的意义在于整个国民经济。

最后,保险业"营改增"也将支持我国保险公司拓展国际业务,增强自身的竞争力。由于保险业"营改增"在世界范围内也不存在成功的范式,这也许是我国保险业追赶发达国家的一个突破口。如果政府能够完成较好的税制设计,促使保险行业对业务流程进行更好的改造,将有机会提升各个保险公司的核心竞争力。

综上所述，"营改增"对保险业甚至国民经济的积极作用显而易见，这一税制改革可能为保险行业带来新的机遇，对国民经济发展及其安全保障机制也是一大利好。然而，机遇和挑战往往是并存的，尽管政府已经出台了相应的政策指导，但大部分规定还停留在宏观和中观的层面，无法落实到具体的实践中去。所以，为了更好地把握住"营改增"带来的机遇，还需要制度设计者、监管机构和保险从业者克服更多的挑战，尽更大的努力去处置改革带来的阻力和风险。所谓"税"主沉浮，是沉还是浮，最终还要看税制的设计是否符合中国国情，以及政策执行者能否一贯地执行。

向污染宣战，保险业应当有位并有为！

孙祁祥

2016-04-12

在 2016 年 3 月底召开的"中国发展高层论坛"上，国务院副总理张高丽在开幕式上的主旨发言中，用了相当的篇幅向中外与会者谈论中国的环境治理问题，表达了中国政府"向污染宣战""推动形成绿色发展方式和生活方式，建设天蓝、地绿、水清的美丽中国"的坚定信念和决心。

走绿色发展的道路，是中国必然的选择。因为不仅"高投入、高消耗、高污染"的传统发展模式已经难以为继，而且严重的环境污染已经给人民群众的日常生活和生命健康带来了巨大威胁。但我们不得不承认,经济发展和生态、环境的保护有时的确存在矛盾。如何在两者之间取得一个平衡,是人类社会发展所面临的一个重大难题。而在获取两者平衡的众多可选择手段中,保险无疑是非常重要的手段之一。

各种研究表明,现代社会工业化的发展导致环境污染问题呈现出以下几个特点:第一,环境污染事故的发生在很大程度上具有客观必然性;第二,许多由环境风险而产生的环境侵权具有污染过程的累积性、复杂性、损害程度在范围上的广阔性等特点;第三,在许多国家,随着环境问题重要性引起人们越来越多的关注和重视,环境侵权领域发生了一系列有利于受害人求偿的变化,如诉讼资格的放宽、被告范围扩大、采取无过错责任原则、举证责任倒置、因果关系推定、巨额赔偿等。

上述现代工业化发展与环境污染之间关系的特点导致现代社会所面临的一个巨大难题是:一方面,如果由污染企业独自承担赔偿责任,其结果就是,巨额赔偿将使许多企业可能面临濒临破产的风险,因此不利于现代工业化的发展,而我国目前仍处在工业化进程之中;另一方面,如果污染企业不对受害人进行及时、有效的赔偿,后者又将面临极大的生存与生活的风险。

如果从单个企业和单个受害者个体来说,非此即彼的结果无疑就是一个"零和博弈"。但问题和解决问题的方法总是相伴而生的。国际经验业已表明,既要迫使企业减少环境污染,实现绿色、低碳、循环发展,又能及时有效地赔偿受害人,最好的解决办法就是实现环境侵权责任的社会化,而环境责任保险就是责任社会化中最重要的一项制度安排。

作为在全社会范围内或特定的社会群体范围内分散损失这样的一种赔偿责任机制的环境责任保险至少具有以下三个方面的重要功能和作用:第一,通过风险的预警与预防来降低风险发生的概率和损失发生的程度。保险公司可以通过费率的厘定和调整来敦促被保人采取和加强环境方面的保护措施,如促使被保人增加环保设备方面的投资,特别是采取必要的防污设施,从而达到减少环境污染的目的。第二,保证企业可持续的经营活动。保险的一个独特而重要的作用通过"确定的""小额"保费支出来"锁定"其未来不确定的巨大损失,这无疑将有利于被保人的财务健全及长期投资计划,保证企业经营的可持续性。第三,有助于社会稳定和和谐。通过这一机制,受害者可以获得合理赔偿,由此减轻政府的财政负担以及减少可能产生的相应的社会问题,达到社会稳定和社会和谐的目的。

向污染宣战,保险应当有位也有为! 国际社会的实践已经充分证明了这一点,但我国目前的状况并不乐观。

似乎不能说立法缺位。1989 年 12 月 26 日,我国就颁布实施了《中华人民共和国环境保护法》,并于 2014 年 4 月 24 日修订通过,2015 年实施新的《中华人民共和国环境保护法》;1987 年 9 月 5 日颁布了《中华人民共和国大气污染防治法》并于 1988 年 6 月 1 日实施,之后分别在 1995 年、2000 年和 2015 年进行了修订,最新的《大气污染防治法》于 2016 年 1 月 1 日正式实施;1984 年 5 月 11 日通过《水污染防治法》,并分别于 1996 年和 2008 年进行了修订;2009 年 12 月 26 日颁布了《侵权责任法》并于 2010 年 7 月 1 日正式实施,其中第八章的第六十五至六十八条专门针对"环境污染责任"。

似乎也不能说政府和监管部门在环境治理方面无所作为。2007年12月4日,中国保监会和环保部启动了环境污染责任保险政策试点,2008年确定首批参与试点的8个省份。2012年《国务院关于加强环境保护重点工作的意见》提出"开展环境污染强制责任保险试点"。2014年4月新修订的《环境保护法》提出了"国家鼓励投保环境污染责任保险"。试点省份从最初的4个扩展至28个,试点领域涉及重金属、石化、危险化学品、危险废物处置、电力、医药、印染等多个领域,参与试点的保险产品从初期的4个发展到目前的20余个。在《国务院关于保险业改革发展的若干意见》中即提出"采取市场运作、政策引导、政府推动、立法强制等方式,发展安全生产责任、建筑工程责任、产品责任、公众责任、执业责任、董事责任、环境污染责任等保险业务"。国务院2014年发布的《关于加快发展现代保险服务业的若干意见》进一步指出:"强化政府引导、市场运作、立法保障的责任保险发展模式,把与公众利益关系密切的环境污染、食品安全、医疗责任、医疗意外、实习安全、校园安全等领域作为责任保险发展重点,探索开展强制责任保险试点。

似乎更不能说保险业袖手旁观。相关资料显示,早在20世纪90年代,保险公司就和环保部门合作推出了环境污染责任保险,先是在大连、沈阳、长春等城市进行试点。但实际情况是,投保率始终不高,而且投保的企业数量连年下降,有的城市甚至因无企业投保,业务处于停顿状态。

也就是说,即使立法部门、监管部门和保险行业都想"有所作为",但环境责任保险的发展仍然很不理想。据统计,2013—2015年,环境污染责任保险签单保费分别为1.93亿、2.397亿和 2.73 亿元,分别占当年责任保险保费的 0.89％、0.95％ 和 0.91％。而责任保险占非寿险的比重本来就很低。数据显示,作为总保费规模占世界第三位的国家来说,2013 年我国责任保险占非寿险的比重仅为 2.78％,而同期美国为 15.81％、英国为 9.98％、德国为 8.63％、法国为 8.18％、日本为 7.41％、加拿大为 10.30％、意大利为 10.50％、澳大利亚为 14.68％。由此可见,保险业在环境治理方面应有的"位"和"为"都没有得到充分体现。

造成这种现状的原因何在？分析起来,本文认为至少有以下几个方面的因素:第一,惩罚力度太轻,这使得企业投入环保设备、采取各种环保措施、减少环境污染的动力不足。例如《水污染防治法》《水污染防治法实施细则》和《防治陆源污染物污染损害海洋环境管理条例》对水污染企业的处罚额度上限仅为 10 万元,而多数为 1 万—10 万元。举例来说,《水污染防治法实施细则》第三十九条第二款规定:"向水体排放倾倒放射性固体废弃物、油类、酸液、碱液或者含有高、中放射性物质的废水的,可以处 5 万元以下的罚款。"《大气污染防治法》对造成大气污染的企业其处罚上限为 100 万元,多数为 2 万—20 万元。《环境噪声污染防治法》对噪声污染企业处罚的上限为 5 万元;固体废弃物污染所涉及的法律为《固体废物污染环境防治法》,对造成固体废物污染环境的企业处罚上限为 50 万元。第二,地方政府的"宽容"。在许多地方,一些产能高的污染企业也是地方政府财政收入的主要来源,对其进行处罚可能会产生工人失业和财政收入下降的严重后果。因此,一些地方政府对这些企业通常有着较高的"容忍度",除非高污染企业被媒体曝光,引发众怒,否则一般不会对其进行实质性的处罚,这也是许多企业不愿意购买保险的另一个主因。第三,从客观上来说,环境责任损害的认定本身就有难度,加之费率厘定所必需的历史数据的匮乏,使得保险企业对环境污染费率的厘定缺乏科学依据,用"供方"默认、"需方"抱怨的话来说"费率多是'拍脑袋'确定的",因此,不管实际费率高还是低,企业总是抱怨太高,难以承受,能不买就不买。

要发挥保险业在治理环境污染、推动绿色发展方面的作用,本文认为除了立法、教育等手段以外,还应当赋予环保部门更大的执法权限,加大对造成环境污染行为的经济处罚力度,提高致污企业处罚额度的上限,必要的话,建议采取像美国等发达国家经常使用的"惩罚性赔偿"制度来增大致污企业污染环境的成本。只有这样,才能提高企业转移风险的意愿,由此实现环境侵权责任的社会化,同时达到以儆效尤的目的。当然,作为供给方的保险企业,更应当加强对环境责任损害认定工作的研究,制定出有客观依据的费率,以提高供给的质量和效率。

天量定增风险亟须疏与堵

朱南军

2016-06-28

2006年4月16日,中国证监会对现行上市公司发行证券的有关规章制度进行了调整和完善,形成了《上市公司证券发行管理办法(征求意见稿)》,由此开启了上市公司定向增发序幕。定向增发的本意是为了释放两方面的需求:一是社会的投资需求;二是企业的扩张需求。定向增发的资金应该是为企业服务的,不论是扩大产能还是产业并购,都是为了服务上市公司做大做强,与此同时,投资者也会跟着受益,形成一个共赢的局面。

一、天量定增

然而时至今日,定增由于缺少适当的监管与引导,导致其后来的发展越来越趋于非理性化,定增募资金额远远超过IPO募资金额,同时单宗天量定增频现,定增解禁后给市场造成巨大的承接压力,造成市场巨幅波动。2007—2015年,定向增发数量总共2562家,总规模达到4.3万亿元。2016年1月1日至6月24日,IPO发行57家,募资金额271亿元,定增发行299家,募资金额6574亿元。从2007—2016年上市公司各种融资方式规模对比来看,定向增发规模已经遥遥领先运用配股和IPO进行融资的方式,以绝对优势成为上市公司最重要的融资手段。同时还有一个值得注意的现象是超级定增成为常态。目前来看10亿级别的IPO已属于相对较大的募资规模,而对上市公司定向增发来说,募资规模往往不受限制,100亿级的超级定向增发已逐渐成为一种新常态。从2015年已公布的数据就可以看出,IPO募资资金超过10亿元的仅21家,而定增募集金额超过10亿元的多达307家,超过99亿元的也有19家。从截止到2016年6月24日已公布的数据可以看出,2016年预计实施定增募集金额超过100亿元的多达52家,其中紫光国芯以不到200亿元的市值预计实施800亿元定增,荣膺2016年预计定增募资榜首。

二、天量定增的市场风险

定向增发在锁定期内无须二级市场或A股投资者来埋单,但解禁期过后,定向增发股份则会抛向二级市场。在目前公开定向增发预案的上市公司中,除了极少数上市公司的定向增发对象是向上市公司大股东或战略投资者之外,绝大多数公司的定向增发对象都选定为基金公司、信托公司、财务公司、保险公司、QFII以及其他机构投资者等,由于大多数机构投资者本身就是二级市场的投资者,因此他们在参与定向增发时,可能会抽调二级市场上的资金去参与增发,所以这种定向增发还是对当前市场上的资金有即期抽血的功能,形成市场卖压。

在退出环节,定增投资者是从二级市场直接退出,并且通过一年的炒作后,过高股价加上定增投资者集中退出,使得退出时抽血效应显著,加速股市波动或者下滑。国外成熟的股票市场,其参与者主要为机构投资者,机构投资者承担着市场扩容的压力。相反,我国二级市场主要的参与者由少量的机构投资者以及大量的中小投资者组成,由于中小投资者受到其收入增长等因素的影响,一旦A股走势疲软,扩容压力释放,中小投资者并没有足够的能力承担定增减持的压力,最后可能导致公司股价或者市场的剧震。

从定增投资者构成来看,我国定增市场套利投资者占多数(通常称一年期定增为套利投资者,三年期为战略投资者)。从2015年定增情况看,三年期的募资数量小于一年期的募资数量,三年期约占总体的39%。一年期定增参与者的目标并不是追求企业长期的发展、助其做大做强,而是追求短期的利润暴涨。解禁后一年期参与者获利退出,上市公司为了配合一年期定增机构投资者的退出,通过会计方法调节企业利润,过分透支上市公司业绩,在未来几年为上市公司发展埋下隐患,加大未来市场波动。

三、天量定增市场风险的"疏"与"堵"

为了防范资本市场风险、促进市场稳定发展与维护投资者利益,建议对定增市场必须"疏""堵"结合、合理调控。

一是定增流程公开透明,"堵"住定增发行内幕信息。从定增流程看,定增预案公布、股东大会决议、证监会批复、实施完成后上市公司都有公告,但是仅仅只有定增预案公布时上市公司停牌以防止股价波动,而在定增报价时并无公告也无停牌,中小股东并不知晓何时报价,往往仅在实施完成后公告才得知。这期间一般存在至少7天左右的时间差,由于机构参与者及其关联方容易在二级市场高抛低吸套利,影响市场公平性,所以在定增实施过程中,上市公司应该加强信息披露,确保定增过程公开透明。

二是约束定增行为,"堵"住不合理的发行规模与频率。10亿级别的IPO对于市场的抽血已经受到证监会的重视,一段时间内也实行了短暂的IPO暂停,那么对于100亿级别的定增给市场带来的冲击也应该受到同样的重视。天量定增意味着解禁后天量资金的退出,市场承接压力届时将会凸显,其影响远远大于IPO的抽血。因此对于体量巨大的定增更应该严格控制,加强审核定增的募资用途,尽量缓解因定增解禁而带来的市场扩容压力。定增规模与定增发行频率是天量定增的两个衡量指标。某些上市公司定增募资用途的合理性存疑,频频出现购买券商的理财计划的现象。还有些上市公司再次选择在第一次定增解禁前发行第二次定增,这时第一次尚未退出,但通过一年题材的炒作,往往其股价是高于第一次定增的参与价格,而第二次的定增预案的底价可以说是第一次参与方的"保底收益"。高频定增放大了时间维度上的定增规模。

三是鼓励更长期限定增,培育长期投资机构。定增一年期的参与方往往并不是战略投资者,他们最主要的目的是通过定增题材带来的二级市场股价走高,最终获取资本利得,至于定增项目能否真正提升上市公司业绩并不是他们主要关注的问题。实际上有些定增项目并不能在一年期内产生实际经济效益,往往仅建设期就远远超出一年,定增解禁时上市公司会通过会计手段透支其利润空间,以让一年期定增参与方顺利退出,这种透支行为影响未来业绩,给上市公司带来股价波动的隐患。一年期定增采取结构化设计,往往带有杠杆,受股票市场价格波动影响的风险很大;而三年期定增均为自有资金参与,其风险承受能力大大高于一年期,所以应该鼓励三年期定增,控制一年期定增。而市场更需要的是成熟稳定的投资机构,这些长期投资者是市场的稳定器,但他们与市场短期行为形成了期限错配,为了追求短期高利润,导致投资者不愿意长期持有,进而追求短期投资行为,这也是造成市场波动的主因。

四是规范结构化产品退出方式,疏导退出时间窗口。计划期满、强平等造成了定增退出时过于集中的减持,同时由于定增体量足够巨大,较短期限内,从二级市场抛售将会带给市场巨大冲击。为减少定增参与方退出带来的市场巨幅波动,应该让其分批次、逐渐退出。或者让优先级资金先退,劣后级资金自动延长,缓解退出压力。同时为了鼓励机构投资者长期持有股份,缓解扩容压力,可以采用税收分层等税收优惠政策,即解禁后额外持有股份,达到一定时间后,机构在退出时实施税收减免,鼓励机构长期持有。

五是监管部门加强自查,严格把关定增审核。定增的监管部门作为监管方也应该加强团队建设,加强自律,严格按照法律规章制度对定增项目进行监管;对定增项目应该更严格审核把关,对于符合国家产业转型的定增放宽审核,对于国家淘汰的产业加强限制,在产业结构调整的思维下控制定增规模。

中国 SIFIs 监管：趋同世界还是因地制宜？

朱南军

2016-11-01

最近几年乃至当前，对系统重要性金融机构（SIFIs）的监管一直是一个热门问题。中国银监会与中国保监会先后发布了一些关于系统重要性银行与系统重要性保险公司的政策法规（含征求意见稿），学界和政府对 SIFIs 监管给予了很高期盼。金融稳定委员会（FSB）曾在 2011 年 11 月发布的《针对 SIFIs 的政策措施》中正式将 SIFIs 定义为"因为规模、复杂性和系统关联性，其陷入危机或无序倒闭将使更大范围内的金融系统和经济活动受到严重扰乱的金融机构"。

金融稳定委员会、国际货币基金组织(IMF)以及国际清算银行(BIS)在2009年10月发布的《金融机构、市场和工具的系统重要性评估指南：向G20财政部长和央行行长的报告》中初步描述了SIFIs的评估指标,分别是规模(特定金融机构提供金融服务的总量)、可替代性(该机构倒闭后其他金融机构能在多大程度上提供相同或类似的服务)以及关联度(该机构通过金融市场和工具与其他金融机构建立的联系)。巴塞尔银行监管委员会(BCBS)在2011年11月发布《全球系统重要性银行(G-SIBs)：评估方法与附加损失吸收能力要求》,给出了规模、关联性、复杂性、可替代性以及跨境业务五个指标类,其中包含总风险暴露、金融系统内资产以及托管资产等12个子指标。2013年7月,国际保险监督官协会(IAIS)发布《全球系统重要性保险机构(G-SIIs)：初步评估方法》,将SIFIs的认定拓展至保险机构,给出了规模、关联性、可替代性、全球活跃度以及非传统非保险业务五个指标类,其中包含总资产、再保险以及金融担保等20个子指标。

但是无论哪一家提出的SIFIs判定指标,规模都是第一位的,因为后面其他指标多数都与规模指标高度相关,因此规模是评定一家金融机构是否具有系统重要性的最基础的指标。对进入系统重要性金融机构名单的金融机构最核心的监管要求是计提附加资本以提升其范风险能力。例如,BCBS在其2011年11月发布的《损失吸收能力要求》中对G-SIBs提出1％—3.5％的附加资本要求,IAIS也在2013年7月发布的《G-SIIs：政策措施》中对G-SIIs提出计提附加资本的监管建议。尽管FSB、IMF

以及 BIS 在《评估指南》中初步描述了 SIFIs 的评估指标,但是着眼点是金融机构的"大到不能倒",监管要点依然是"抓大放小""严格要求"。

但是中国金融监管从来就不是纯粹的经济问题,而是与社会政治问题高度相关的问题。国外进行 SIFIs 监管是以完善的市场化水平作为前提的,SIFIs 的监管本身仍是市场化条件下的技术性监管,并不像中国一样涉及太多的社会政治因素。这种市场化水平要求金融机构在失去偿付能力、不能偿还到期债务后是可以被债权人申请破产清算的。然而这种破产清算行为一方面尊重了法制经济的游戏规则、提升了市场效率,另一方面也给市场带来了巨大的冲击。为了防范金融机构尤其是 SIFIs 的破产清算后风险溢出效应对市场巨大的负面影响,因此需要单独提出 SIFIs 的监管,其核心就是附加资本要求,以求在一定程度上降低 SIFIs 的破产概率并防范其风险溢出效应。那么我们追问一个问题:在中国特殊的社会经济背景下,SIFIs 机构(比如中、工、农、建四大商业银行)破产的概率有多大?如果概率不大,如何评估对 SIFIs 附加资本要求的必要性,或者有多大的必要性?同样 SIFIs 的监管需要考虑具体国家情况,如果不能进行根本性社会制度改革,那么中国监管当局对金融机构监管风险的考虑就不是简单的 SIFIs 的"抓大放小",而是需要放在社会政治风险防范的大背景下来考虑。

针对中国的国情,我们提出两个问题,一是抓大了能否放小;二是抓大是否就意味着 SIFIs 必须计提附加资本要求。

首先说"抓大放小"。在中国,不要说系统重要性金融机构,就是不具备系统重要性的一般中小金融机构也并非能在市场规则条件下轻易破产,甚至相关法律直接规定某些金融机构不得直接破产(例如保险法律方面的法规就直接规定人寿保险公司不得破产)。如果从社会风险的角度来观察中国当下情况,需要附加资本要求的反倒不是中工农建这些满足技术标准意义上的系统重要性金融机构,而是不具备系统重要性的一般中小金融机构,这是中国国情。中国民众缺乏"买者自负"的风险意识,始终相信即便是这些中小金融机构,也会得到"人民政府"的信用背书。二十年来,这些不具备系统重要性的一般中小金融机构的财务危机引起了中国局部地区一波又一波的社会与金融事件,例如20世纪90年代的海南发展银行,21世纪初的广东国际信托、南方证券,以及最近几年的信托公司、P2P金融平台、地方商品交易所。而这些中小金融机构不论在规模上还是可替代性以及关联度上与SIFIs的达标要求都相去甚远,因此几十年来形成一波又一波的社会群体事件。但都造成了严重的区域性金融与社会危机,成为让中央政府和地方政府都十分关切的事件。在中国"抓大并不能放小"。

其次讨论抓大是否要求SIFIs必须计提附加资本。计提附加资本要求一定程度上牺牲了企业经营效率,从经济利益考虑,企业本身并不希望自己进入这个名单。尽管我们进行宏观审慎监管与SIFIs监管的时间比外国晚,但是从实体意义上讲,SIFIs一直存在着,并且中国SIFIs机构的负责人也一直在中国的政治经济生活中扮演着重要角色。中国也曾实践其他防范SIFIs"大到不能倒"的措施。比如说,中国中、工、农、建四大商业银行虽然达到了SIFIs的标准,属于"大到不能倒"的金融机构,20世纪90年代的不良资产如果真实确认,估计其资产负债表早已资不抵债了,虽然那时候没有 SIFIs 监管的理念,"大到不能倒"的理念还是有的,后经过成立四大国有资产管理公司分别与四大行对接,进行一系列不良资产的剥离,资产负债表大为改观,进入 21 世纪后再进行上市融资补充资本,最终化解了危机。同样还有中国人寿,在中国也达到了 SIFIs 标准,20 世纪的利差损使其财务亏损严重,同样经过股份制改造,将高利率时代形成的不良保单划归集团公司,让子公司脱胎换骨成功上市来化解危机。我们可以评价诟病这两种化解危机的方式,但它的确是中国特殊的社会经济背景下解决"大到不能倒"金融机构财务危机的特殊而有效的方式,它说明前置性要求 SIFIs 必须计提附加资本不是唯一监管选项。

同时,中国的 SIFIs 还表现出与国外的 SIFIs 显著的异质性。同样的是美国和欧洲的 SIFIs 在金融动荡期很容易猝死,原因在于其公允价值的会计计量方式与完善的民商法律尤其是破产法律制度,例如 2008 年雷曼兄弟与美国国际集团(AIG,当时美国当仁不让的 SIFIs 之一)都是在很短的时间内猝死和接近死亡。AIG 后被美国政府用纳税人的钱救起,这种现象我们称之为"社会救火 SIFIs";反观中国的 SIFIs 在金融动荡期间则表现迥异,例如,2015 年中国股市震荡期间,无数股民财富灰飞烟灭。反倒是以中、工、农、建为主的 17 家商业银行总计借予证金公司 1 万多亿元,救助处于水深火热中的股民,表现出"SIFIs 救火社会"。这是很有意思的一件事情,它充分反映了在金融危机期间中国的 SIFIs 表现出与国外的 SIFIs 显著的异质性,也对中国的 SIFIs 监管提出了与国外相比的差异性要求。

SIFIs 监管着眼于宏观审慎监管观念下的系统风险,但我们在和国外同行切磋"系统风险"时,务必认识到彼此所处的"系统风险"环境可能有很大差异。我们对"系统风险"的体触与定义不可避免地融入了中国特殊的社会政治风险方面的特殊因素考量。如果不是这样,"SIFIs监管技术"很可能成为技术官僚手中自我把玩的奇技淫巧而已。最后需要说明的是,笔者这里并不是否定SIFIs监管的价值,而是想说明,在中国特殊的社会政治背景下,对SIFIs监管能够发挥的作用要有一个客观的认识。中国经济发展几十年,除了实体经济层面的成功,也建立起了理论自信。对SIFIs监管能解决中国社会什么问题、不能解决什么问题要有深入研究,同样中国需要建立什么样的SIFIs监管框架必须针对中国金融系统风险的特殊性,而不能亦步亦趋地简单照搬国外。

CCISSR 企业经营与市场环境

保险公司的新课题
——信用保险

赵景涛

2016-05-31

2015年12月国家发改委正式发布《关于简化企业债券申报程序加强风险防范和改革监管方式的意见》(以下简称为《意见》),其中,第十四条"探索发展债券信用保险。鼓励保险公司等机构发展债券违约保险,探索发展信用违约互换,转移和分散担保风险"受到各界广泛关注。虽然具体细节仍在酝酿中,但敏感的保险公司已然嗅到了商机。尽管如此,2008年美国爆发的由次贷风险引起的金融危机仍历历在目,这个商机所隐含的风险却又让保险公司不免有些望而生畏。在笔者看来,积极布局,斟酌产品,谨慎开展,提前防范,保险公司依然能够在这个商机中回旋有度。

信用保险属于信用衍生品的一种。国际市场的信用衍生品可分为基础信用衍生品、结构化产品和指数信用衍生品三类。其中,基础衍生品包括信用违约互换(CDS)、信用联结票据(CLN)、总收益互换(TRS)、信用价差期权(CSO)等。CDS 与 CLN 由保单演化而来,银行为债务或借款向保险公司购买保单以期改善资产负债情况,从而产生了该种类的信用衍生品。自出现以来,CDS 与 CLN 迅速成为国际金融市场上发展最快、最富创新意义的金融产品之一。《意见》中关于信用保险业务的内容,意在开启中国版的 CDS 与 CLN,以促使我国金融机构尤其是银行从当前传统的、静态的风险管理方式转变为主动的、动态的风险管理方式。

随着我国债券市场的发展,债券的刚性兑付逐渐被打破,这从客观上为"中国版 CDS"创造了条件,同时伴随着我国信用衍生品市场的发展和深化,保险公司在参与此类相关金融活动的过程中,可以不断地提升自身融资与风险控制的能力。更重要的是,从已有的欧美国家资本市场的经验来看,保险公司除了可以利用信用保险帮助银行等金融机构有效对冲信用风险以外,还可以通过此项业务盈利。当然,要想同时获得帮助其他金融机构对冲信用风险与自我盈利的效果,保险公司仍需谨慎防范风险。

首先,保险公司应该通过积极与银行等金融机构合作提前做好防御工作以防范信用风险。保险公司推出的信用保险产品的特点是复制标的资产的信用风险特征。但对于标的资产而言,除包含信用风险之外,还捆绑了多种其他特征,如资金占用、市场风险、债务人关系等。由于信用保险产品作为游离于标的资产之外的独立交易的合约,能够实现信用风险与标的资产其他特征的非捆绑化。因此,在开展此类业务时,识别标的资产的信用风险就成为保险公司的首要任务。这就需要保险公司通过与持有标的资产的银行等金融机构合作,并且结合第三方评级机构评级,来充分识别信用保险所承保的标的资产信用风险。

其次,保险公司也可能是信用保险产品的买方,对于信用保险金融衍生品而言,风险可以来自交易对手的高杠杆操作。因此,当保险公司作为买方时,利用抵押品和头寸管理等方法是防范交易对手风险的重要投资策略,能够发挥制约交易对手高杠杆率的功能。

再次,保险公司通过信用保险为债券承保的风险,与保险公司直接投资债券的相异之处在于,信用保险还包含着道德风险。银行等金融机构在购买信用保险前,为降低债务的信用风险,通常利用他们的私人信息对债务人进行监督。然而,一旦购买信用保险,信用风险即被转移,这时银行等机构就会缺乏监督借款者的激励。从当前债券规模来看,推出信用保险势必会为保险公司带来可观的稳定现金流,但是同时也可能产生大量的道德风险。这就需要保险公司联合第三方评级机构,研究建立信用保险的评级体系。这样一方面可以降低风险,另一方面也可以为日后信用保险市场的"保单交易"建立价格基础。

最后,保险公司仍需注意防范 CDS 的投机风险。雷曼兄弟、AIG 在 2008 年金融危机中的表现说明过度的投机风险可以使顶级的金融机构顷刻崩溃。当然,就此类风险而言,还需要监管部门成立中央清算机构,限制清算会员的风险敞口。不过我国还处于"中国版CDS"的筹划阶段,清算方式也在酝酿之中,若保险公司能积极参与"中国版CDS"的筹划过程,从保险的视角建言献策,有利于日后在开展信用保险业务时防范CDS的投机风险。

前车之鉴,后事之师。虽然2008年美国次贷危机的根源在于房地产相关债务的违约,但美国的信用衍生品在传播危机的过程中扮演着重要角色,作为最大的保险公司AIG就曾深受其害。当前,我国的债券市场中违约事件逐渐增多。截至2016年4月底,已有11个债券发行主体共计22只债券发生违约事件,债务总额接近百亿元。从企业性质来看,民企、央企和国企均有违约。债券市场正在遭遇一场前所未有的评级下调潮。债券市场上的种种迹象表明,我国债券违约风险正在提高。因此保险公司开发信用保险产品首先要提高自身的业务能力。

总而言之,保险公司积极参与信用保险,可以发挥保险公司稳定金融市场的功能,增强自身的融资能力同时扩大营业收入,但是仍然需要稳步谨慎推进。

保险消费者保护：标准化先行

钱嫣虹

2016-06-21

2016年是深化标准化改革发展的关键之年。为贯彻落实国务院《深化标准化工作改革方案》和《国务院关于加快发展现代保险服务业的若干意见》的文件精神，全面深入推进保险标准化工作改革，切实发挥标准对保险业发展的引领和支撑作用，2016年2月，中国保监会制定并印发了《深化保险标准化工作改革方案》（以下简称《方案》）。《方案》指出了改革的必要性和紧迫性，提出要在全行业形成"标准先行"的氛围，不断提升我国保险标准的国际化水平。

保护消费者权益是中国解决经济社会转型问题的关键,而保险市场由于存在着高度的信息不对称以及销售误导等问题,使得保险消费者成为弱势一方,更需要加强对其权益的保护。放眼全球,各国政府和监管机构无不重视对金融消费者的保护。着眼我国保险业,中国保监会始终秉持着将保护保险消费者而非单纯以推动保险业发展作为首要职责的理念,致力于不断增强对保险消费者权益的保护工作。早在2011年10月,中国保监会就在一行三会中率先成立保险消费者权益保护局;2012年4月底,"12378"保险消费者投诉维权热线正式开通;2014年11月以来,先后发布和制定了《中国保监会关于加强保险消费者权益保护工作的意见》及《中国保险业信用体系建设规划(2015—2020年)》。

与此同时,中国保监会在保险业消费者保护服务标准制定和修订方面也做了许多有益探索。2014年6月,中国保监会消保局制定了《保险机构投诉处理规范》(以下简称《规范》)行业标准,为作为保险消费者保护最后一道防线的保险投诉处理保驾护航。《规范》共分为三个部分,分别为术语、分类与代码以及统计分析指标。其中,第一部分规定了中华人民共和国境内保险消费投诉处理常用的术语,从"投保人"到"超级投诉",共计46个;第二部分"分类与代码"采用线分类法和分层次编码方法将保险消费投诉分为8大门类,37个大类,161个中类以及31个小类,并用5位阿拉伯数字表示;第三部分"统计分析指标"以合理性、可比性和可操作性为原则,建立了2个一级指标、6个二级指标、10个三级指标以及3个四级指标,并给出了各指标的内涵及计算方法。该标准的建立改变了由于缺乏统一的对保险消费投诉的定义、判定标准、处理时效及统计考核指标而导致的消费者满意度不高的现状，在实践中具体指导、规范保险机构的投诉管理工作。具体来说，建立该标准具有以下三个方面的重要意义。

第一，保险投诉多样化的需要。保险投诉可产生于销售、承保、保险合同变更、续期、续保、理赔等各大环节，每一环节下又有多样化的投诉事项。2016年第一季度，中国保监会机关及各保监局接收的5 982个有效投诉事项中，涉及保险公司合同纠纷类投诉5 244个，占投诉事项总量的87.66%；涉嫌保险公司违法违规类投诉727个，占比12.15%；涉及中介机构合同纠纷类投诉9个，占比0.15%；涉嫌中介机构违法违规类投诉2个，占比0.04%。《规范》的第二部分"分类与代码"，按照产生保险消费投诉的环节划分门类和大类，再根据投诉内容划分中类和具体的小类，实现了对保险经营机构日常业务环节的全覆盖。同时，通过运用先进的编码技术，大大优化了监管机构投诉管理的工作流程，提高了投诉管理效率，降低了投诉管理成本，并为日后实现投诉的大数据管理奠定了良好基础。

第二，保险行业发展的内在需要。随着我国保险业的快速发展，与保险有关的各种矛盾纠纷也逐渐凸显，消费者投诉量逐年递增。2014年，中国保监会机关及各保监局共接收各类涉及侵害保险消费者权益的有效投诉27 902件，同比上升30.62%，反映有效投诉事项29 934个，同比上升32.02%；2015年，有效投诉总量为30 204件，同比增长8.25%，反映有效投诉事项30 978个，同比增长3.49%。然而有效投诉的同比增速却呈现下降趋势，并于2016年的前三个月达到负值（2016年1月为一

21.59%，2月为－28.02%，3月为－2.12%），表明与上年同期相比，有效投诉量在下降。其中《规范》的实施功不可没，尤其是第三部分"统计分析指标"设定了亿元保费投诉量、亿元保费投诉变化率、越级投诉率、投诉处理满意度等指标，全方位对保险公司的服务质量和投诉处理质量进行公平公正以及客观的评价，同时定期向全社会公布考评结果，有效地促进了行业整体服务水平的提升，改善了保险行业的社会形象。

第三，为其他金融业标准化建设提供了借鉴。投诉广泛存在于证券、银行及其他金融服务业中。然而，目前证监会和银监会在投诉处理问题上主要起到的是一种下达的作用，给出的意见大多强调"应是"，而鲜有"如何是"的相关指导，从而容易使得相关金融机构无所适从，造成投诉处理效率低下；同时，由于尚未在全国范围内建立一套科学、统一的投诉管理绩效评价指标来对行业内各金融机构的投诉情况进行评价并定期通报，使得激励不足，易造成行业混乱，投资者权益得不到切实保护。《规范》的科学性、系统性和实用性可以为其提供有价值的借鉴。首先，《规范》提供了一种清晰的标准框架；其次，《规范》建立了一种行业统一的先进编码技术，可以为未来行业收集和共享数据、开展后期的统计分析奠定坚实基础；最后，《规范》还提供了一整套统计分析指标，统一了投诉管理工作的评价范围和标准，同时定期通报考评结果，可以对行业内金融机构产生正向激励。

在国际上，对于保险消费者的申诉或投诉，各国均设置了专门的保险投诉受理机构，并有一套自己的保险投诉处理流程，但目前尚没有相关的国际标准进行规范和统一。因此，我国可以伺机将《规范》推向国际，以填补当前该领域国际标准的空缺，实现我国在承担国际保险标准制定中零的突破。这不仅可以体现我国保险监管机构保护保险消费者的坚定决心,提升我国保险业在国际市场上的行业形象和话语权,还能为我国保险机构境外开展业务提供便利,促进我国保险企业走出去。

个人税优型商业健康险要如何迎来热度?

秦 云

2016-07-12

个人税收优惠型商业健康险是我国首个享受税收优惠的保险产品,从被提议到最终实行,一直以来受到社会各界的广泛关注。2月16日中国保监会公布了首批运营准入的保险公司名单,在包括北京、上海、天津、重庆在内的31个城市率先试点,以"惠民"为主要特征,用"税优"来吸引纳税人购买,旨在推动商业健康险的需求。

个人税优健康险在推出之初,曾被业界广泛看好。对于纳税人而言,看似有巨大的吸引力。这种吸引力首先表现为"税优"的实惠,参与者以税前收入投保,可以享受个人所得税减免的好处,最高折扣上限可达2 400元/年;其次,为保护投保人利益,《个人税收优惠型健康保险业务管理暂行办法》(以下简称《办法》)规定简单赔付率不得低于80%(也就是指用于赔款的比例不得低于保费收入的80%),这充分保证了投保人的利益;再次,保险公司不得因投保人既往病史拒保,这也使得加入门槛降低。《办法》中还明确,个人税优健康险产品采用万能险的方式,包含医疗保险和个人账户积累两部分,医疗保险与社会医疗保险、补充医疗保险衔接,主要补偿在职纳税人群自付医疗部分的费用,个人账户部分实为投资功能,由保险公司代为投资理财,累积金额可用于退休时购买商业健康保险的支出(如长期护理保险等)。对于刚入职的年轻人而言,面临较大医疗支出的风险较小,投资功能的引入,使得个人税优型商业健康险吸引力增加。

监管政策的扶持,保险公司的让利,看似每一点都是对于投保人重大利好的消息。但是反观商业健康险公司的盈利状况,却远不及想象中乐观。据媒体报道,截至5月底,几大最先获批商业健康险业务的保险公司平均利润只有100多万元,最多的也不超过200万元。一开始业界对税优商业健康险的预估与实行后的受欢迎程度相去甚远。为什么税优政策并没有像预期那样推动商业健康险市场的蓬勃发展呢?

剥开个人税优健康险的华丽面纱,不难发现,实则存在许多令消费者"累觉不爱"的因素。总体来看,主要有以下几点原因:第一,税优型商业健康险产品自身的属性,决定了购买人群有限。目前展开税优型商业健康险试点的有31个城市,购买者只能是参加了社会医疗保险的纳税人本人,购买方式通常为团体投保。这决定了目前个人税优健康险是一个相对小众的险种,售卖对象仅仅为部分纳税人。在纳税人当中,不同收入水平的人受到的激励也并不相同。对于收入水平较低的纳税人而言,通过购买商业健康险获得的税优力度非常小,不足以激励其购买。相较之下,中高收入的纳税人是个人税优健康险相对合适的购买主体。但是上限为2400元/年的税优力度,相较之下却又显得略为保守。第二,产品的创新力度不够。因为个人税优健康险的购买条件以参加社会医疗保险为前提,在这种情况下,若个人税优健康险产品提供的保障力度和保障方式与社会医疗保险以及补充医疗保险过于相似,则会受到后两者"挤出"效应的影响,从而降低消费者对个人税优健康险的需求。第三,由于目前仍处在个人税优健康险的"试水"阶段,保险公司出于风险管控的考量,在产品的推行方面仍然过于保守。此外,税优型商业健康险还存在着购买手续过于烦琐、购买渠道受限等问题,大大制约了个人税优健康险的受欢迎程度。

个人税优健康险的推行,推动了纳税群体医疗保障水平的提升,是保险业服务社会的重要体现,同时也减轻了未来国家社会医疗保险的压力。对于保险业而言,个人税优健康险的推广,也会利于商业健康险被更多的消费者所认知和接受,使得更多的消费者去主动购买,从而推动整个健康险业务的发展。但要使得个人税优健康险真正受到欢迎,未来可以从以下几个方面做出努力和调整:第一,个人税优健康险的发展可以在控制风险的同时适当扩大购买人群。虽然个人税优健康险的购买群体为纳税人,但是真正享受医疗保险业务的人群可以拓展到符合条件的纳税人的家人,只要其符合个人税优健康险规定的除纳税外的其他购买条件,比如参加社会医疗保险以及适宜年龄等。第二,简化以个人为单位购买个人税优健康险的购买程序,破除"团体保险"的购买壁垒,让有需要的个人可以顺利购买。第三,重视创新。个人税优健康险应争取在产品设计方面与社会医疗保险以及其他补充医疗保险产品区别开来,以产品本身去吸引购买者,从而减少社会医疗保险以及其他补充型医疗保险的"挤出"效应。目前市面上推出的个人税优健康险的产品,与其他商业健康险产品差异性不大且保障力度不强,主打的是"中端医疗",年度保额大多设定在 20 万元左右,开展高端服务的产品较少,对消费者的刺激力度不强。在这种情况下,如何应对纳税人群特殊的需求,对产品差异化的创新,就显得格外重要。

值得期待的是,随着未来个人税优健康险制度的不断完善、业务在全国范围内拓展和普及、人们对商业健康险认识的不断增加、既得利益者带来的"羊群效应"等因素的影响,个人税优健康险的受欢迎程度会得到极大的提升。另外,个人税优健康险的热度也会蔓延到普通型健康险,最终可以带动整个商业健康险业务的发展,让更多的人不仅仅是纳税人享受到商业健康险带来的医疗保障水平的提升,从而实现保险业服务社会的最终目的。

把"保险姓保"落实到营销端

贾 若 齐鹏飞

2016-12-08

"保险姓保",即坚持保险的风险保障职能,是保险业的应有之义。近年来,我国保险领域出现了一些"以保险之名,行投资之实"的现象,这类现象在保险营销端往往表现为,承诺高投资收益,或者以银行理财、存款、投资基金等其他金融产品的名义宣传销售保险产品。这些营销行为弱化了保险作为风险管理工具的核心职能,一定程度上给保险产业造成了负面影响。因此,如何在营销端落实"保险姓保",是一个紧迫而重要的问题。笔者认为,保险营销发挥着匹配保险供给与需求的重要作用,是沟通保险公司和消费者的桥梁,只有把"保险姓保"落实到营销端,保险的风险保障功能才能真正送到消费者手中。

第一,把"保险姓保"落实到营销端,需要保险营销部门充分发掘消费者的保障需求,同时将保障需求信息及时传递到供给侧的产品创新与开发当中。任何一款产品要在市场上取得认可,都必须有其比较优势,保险产品的比较优势在于,它为消费者提供了一种风险管理工具,通过承诺一份保障解决了被保险人的后顾之忧,实现资源的"跨状态配置",这是其他金融产品所不具备的,也是保险产品在市场上立足的独特比较优势。因此,一方面,营销部门应该紧紧围绕保险产品的风险保障功能,强化服务意识和能力,为不同风险类型和风险偏好的消费者推荐与其风险特征相匹配的产品,做到保险营销"有的放矢",最大化保险的风险保障作用,使消费者有更多获得感。另一方面,营销部门也应当积极参与到产品创新等供给侧改革过程中,及时把市场需求反馈给产品开发部门,推动保障型产品开发,寻找保障功能与产品吸引力之间的最佳契合点,从而优化产品结构。

近年来,大数据等技术的发展为保险营销方式的改进创造了新的可能,技术进步一方面有助于保险公司分析客户需求,实现"精准化营销";另一方面也有利于及时处理客户的信息反馈,对产品进行改进,提升用户体验。比如,通过搜集互联网用户的地域分布、职业、年龄、搜索关键词、购物习惯和兴趣爱好等一系列数据,分析消费者的潜在风险保障需求,在保险营销中实现需求定向、偏好定向,真正做到精准化、个性化营销;同时,借助网络信息交流平台,消费者可以随时随地反馈产品信息,提出意见和建议,降低了与营销部门沟通的成本。

第二,把"保险姓保"落实到营销端,要求保险公司探索建立适当的激励和管理机制,以约束保险营销部门,杜绝误导性销售,同时引导营销人员以保障(而不是投资收益)为卖点的销售行为,激励保险营销人员积极销售保障型产品。保险业内有一种说法,"Insurance is sold, not bought"(保险是卖出去的,而不是购买的),特别是在寿险领域,鉴于保险产品的复杂性及核保的需要,营销人员必须对产品做出细致的解释,并对消费者进行正确的引导。现实中,为了实现从产品到货币这"惊险的一跃",常常出现投机取巧的现象,如给保险产品套上投资理财的外衣,以吸引消费者的眼球。保险产品和投资型产品相结合,为消费者提供一揽子理财服务,是一件多方共赢的好事,但在营销中过度强调保险产品的投资功能,忽略其风险保障功能,就大有"舍本逐末"之嫌了。保险公司既有必要建立责任追究机制,防范销售误导问题,更要引导保险营销人员充分挖掘产品价值,树立产品自信,不论如何强调投资,都不能偏离"风险保障"这个根本,因为风险保障的"含量"决定了保险供给的"质量",保险营销的"自信度"影响着保险行业的"美誉度"。

第三,把"保险姓保"落实到营销端,需要保险监管机构出台操作性强的激励和约束机制。美国全国保险监督官协会(NAIC)针对寿险和年金保险产品推广的规定,明确禁止使用"投资""储蓄""利润""利息"等可能使投保人误解保险产品属性的词汇,以确保消费者对保险产品的本质有深刻清楚的认识。此外,美国对于保险产品的认定十分严格,只有风险保费在总保费中占一定比重,才可以被认定为保障型产品,并享受相应的税收优惠,而变额保险等投资型产品,通常被认定为证券,同时受到州保险法和联邦证券法的规制,并适用合适性原则,即要求保险公司在销售该类产品时,必须根据客户的投资经验、投资目的、财产状况和风险承受能力,选择性地进行产品营销,不得为了扩大业务规模,脱离消费者的实际投资能力进行盲目营销。

随着我国保险市场的不断发展,针对保险营销的监管也在逐步完善,从 2014 年开始,中国保监会对保险中介市场展开整顿,积极推动保险销售队伍职业化、兼业代理专业化和专业代理规模化。2015 年 8 月,中国保监会发布《中国保监会关于保险中介从业人员管理有关问题的通知》,要求落实公司的管理主体责任,由保险公司、保险中介机构对保险中介从业人员严格把关。整体而言,我国针对保险营销的监管体现出"放开前端,管住后端"的特色,在简政放权的同时明确责任主体,有助于营销队伍理解保险产品的保障功能,提升保险营销队伍的专业化程度,也有利于释放行业活力。

随着科学技术的日益进步和营销渠道的不断拓展,未来保险营销的整体业态还存在着巨大的发展空间,无论业态形式如何改变,只有坚持"保险姓保"这个本质,使保险业区别其他金融和服务部门,发挥好保障这个比较优势,才能更好、更有效地服务经济社会发展。

CCISSR 保险资金运用

对养老金即将市场运营化的三点思考

邹青

2016-01-19

养老金管理机制改革成为当下热议,尤其自 2015 年 8 月 23 日国务院发布《基本养老保险基金投资管理办法》(以下简称《办法》)以来。之所以备受关注,原因有二:一是现行的养老金管理条例规定,养老金只能投资于低风险的诸如国债、银行存款等金融品种,所获得的极低收益率相对于物价使得养老金总额处于持续性的贬值状态,难以满足老龄化进程中社会民众对养老金的需求,迫切需要一种全新的运营方式来取代以前那种低效、守旧的运营体制;二是新颁布的《办法》在养老金管理实施细则上做出了较有创新的探索,允许养老金投资股票、股票基金、混合基金、股票型养老金产品的比例,合计不得高于养老金资产净值的30%,拓宽了养老金的投资渠道,使其投资绩效与市场收益接轨成为可能。据人社部新闻发言人李忠于2015年10月27日在新闻发布会上的讲话,2016年我国将开启养老金投资入市的大门。毫无疑问,养老基金市场运营模式确实有助于促进基金的保值增值,有利于解决未来养老金不能满足民众需求的尴尬局面,然而,笔者认为,至少在养老基金的统筹层级、运营绩效以及专业运营机构挑选等三个方面仍需要继续探讨和深化,以期使《办法》的实施更富有成效。

首先,关于统筹层级的问题。《办法》第三条规定,各省、自治区、直辖市政府可在预留相应费用后,将养老保险金结余额按照一定额度委托给国务院授权的投资机构运营。这意味着实施该《办法》至少应初步完成省级统筹。但从实际情况来看,长期推行的"企业养老保险"、全民所有制企业职工退休费用实行以市县为单位统筹及行政管理上的简便化,使得我国当下很多省份和地区仍然存在着省、市、县三级养老金统筹并存的局面。尽管全国已有31个省份和新疆生产建设兵团出台了养老保险的省级统筹办法,但由于部分市县级各方在收缴、管理和发放养老金的过程中已逐步形成了较为稳定的利益平衡格局,实施这些办法必然会受到当地多家与社保业务相关的企业(企业利润下降)、地方政府(地方政府的权力受到压缩)等方面的阻扰,而《办法》的正式实施必定会使冲突的程度进一步加剧。怎样有效解决这些矛盾以降低制度转换所带来的成本、省级统筹方法实施的效果到底如何、人社部是否对省级统筹完成的程度进行了严格且合理的评估等相关问题都还需要向公众阐明。倘若在准备尚不充分的情况下便匆匆实施该《办法》,带来的不仅仅是《办法》的目的不能较好地实现,同时也为下一步即将展开的全国统筹埋下了隐患。

其次,关于养老基金运营绩效的问题。《办法》第十三条所界定的委托人是省、自治区和直辖市政府,但从法理上而言,缴纳养老基金的企业和个人才是养老金的所有权人,只是法律法规授权相关政府部门代为管理该基金。为最大化所有权人利益,委托人理应确保养老金管理制度的稳健运行,提高养老金保值增值的可能性。然而,《办法》要求养老基金的运营实行市场化运作模式存在着一定的金融风险,且对运营绩效的安排上述较为粗糙,体现在两个方面:一方面,倘若由于市场形势普遍不好,或者运营方稳健的投资决策出现了重大失误,造成养老金才开始市场化运营(《办法》规定可以配置最高不超过资产净额30%的比例到风险资产上)就产生了极大的损失,那么《办法》第四十四条规定的亏损弥补机制便不能起到应有的作用。尽管《办法》第三十条也规定了在养老金资产大幅度波动时运营机构应及时报告给相关主管部门,但这个波动的幅度到底是多大《办法》并未明确公告。另一方面,假如宏观经济形势持续走强,且运营机构的审慎运营使得养老金在投资过程中获得了正向的利润,那接下来的问题在于,这部分收益如何分配?是全部上交给国家进行统一调配(如投资收益高的省份补贴投资收益低的省份),还是根据缴纳养老金的企业和个人账户中的所剩余额所占比例为参数来进行分配?这些在《办法》中也还未具体涉及。因此，理应在养老金正式市场化运营前通过制订进一步的有关细化方案来回应这些公众较为担忧的问题。

最后，关于专业运营机构的选择问题。《办法》第二十六条、第二十七条第一款分别规定了养老金投资运营机构的基本界定范围以及内部治理结构特征等，但在具体描述这些特征时更多的是一种规范性的语言表述，缺乏量化标准，因此不利于实务中甄选优质的运营机构。尽管财政部、人社部在2001年发布的《全国社会保障基金投资管理暂行办法》中对申请办理社保基金投资管理业务的基金公司所需具备的实收资本、净资产、从业经验等特征进行了较为细化的规定，且有些观点认为对养老金的投资主体选择可以参考这一规定，但笔者认为，对养老金运营主体的设限要求应高于社保基金运营主体：一是养老金的整体规模要远远大于社保基金，社会影响更大，在运营机构的资质上应提出更高水准。相关数据显示，截止到2014年年底，社会保障基金的资产总额为15 356.39亿元，而同期我国基本养老金的账户结余约为3.55万亿元，后者的规模是前者规模的两倍多，自然，要运营如此庞大的一个资产数量理应对运营方提出更高的标准。二是养老金市场化运营模式对专业机构的运营能力提出更高要求。由于养老金跟社会保障基金在功能定位上不太一样，相较于社会保障基金，养老金的运营会受到监管层更为严格的监管，这也对运营方的经营水平提出了更高的要求。此外，还应通过相关机制设计以着力提高具备资格的申请者之间的竞争程度，只有这样，才能使挑选出来的运营方能真正最大化养老金保值增值这一艰巨任务的可能性。

总体而言，《办法》的颁布和实施无疑是顺应世界潮流、推动社保改革的重要之举,但在一些技术细节上仍待继续考量和完善。事实上,金融风险的管控能力是成为养老金市场化运作的关键条件,如何营造良好的投资氛围、降低制度的运作成本、增强法治力度、高标准挑选专业运营团队等问题,都将成为制约养老金市场化运营的关键因素。

险资举牌:谨防合理逻辑下掩盖的陷阱

李心愉

和讯网,2016年3月15日

3月9日,中国保监会下发了《关于修改保险资金运用管理暂行办法的决定(征求意见稿)》(以下简称《征求意见稿》),对此前发布的《保险资金运用管理暂行办法》(以下简称《暂行办法》)进行了调整和补充。调整和补充的主要内容包括:在境外投资中增加了"应当符合中国保监会、中国人民银行和国家外汇管理局的相关规定"的要求;调整了对银行存款交易对手和基金管理人的规定;在保险资金的禁止投资项目中增加了禁投"不符合国家产业政策项目的企业股权和不动产"的条款；明确表明险资可投资于资产证券化产品，而不仅仅是银行业金融机构的信贷资产支持证券；将《暂行办法》出台后新发布的一系列投资政策中的主要规定均纳入其中。总体而言，与《暂行办法》相比较，《征求意见稿》的内容更加完整明确，规则更加具体精准，体现了监管部门对保险资金市场化运作必须以符合国家一盘棋战略、与国家大政方针相一致为前提的要求。这对于进一步完善保险资金运用管理制度，防范保险资金运用风险，具有重要的意义。

根据"十三五"规划和政府工作报告精神，推进股票、债券市场改革和法制化建设，促进多层次资本市场健康发展，提高直接融资比重，多渠道引导长期资金入市，将是未来资本市场改革的重点。作为资金雄厚的专业机构投资者，保险公司自然被社会各界寄予了厚望。从保险资金运用的角度看，加大股票投资的力度，以其专业投资能力挑选业绩优良的上市公司进行大比例股权资产配置，不仅对于引导 A 股市场进行价值投资和理性投资是一种积极的正能量，而且符合保险资金长期投资、价值投资的资金性质要求，能够为保险公司带来长期性、战略性的资本增值机会。但是在另外一方面，也必须通过制度的完善来降低保险资金入市所可能带来的风险。从 2015 年下半年开始，保险公司举牌潮尤其是"宝万之争"使保险业的股权投资受到各方的高度关注。在一系列的股权战争中，一些中小险企的投资行为引发了市场对整个保险行业投资行为的质疑之声。为此，中国保监会于 2015 年 12 月专门发布了《保险公司资金运用信息披露准则第 3 号：举牌上市公司股票》，以此规范保险资金举牌上市公司股票的信息披露行为。在本次拟修改的《暂行办法》中则进一步明确,保险集团(控股)公司、保险公司的重大股权投资,应当报中国保监会核准。重大股权投资包括:对非保险类金融企业实施控制;对与保险业务相关的企业实施控制且投资金额较大;对拟投资企业未实施控制,但投资金额或比例达到相关标准,以及中国保监会规定的其他情形。显然,这些监管法规的推出和实施,将会使得未来的险资举牌等重大股权投资有法可依,且更加风险可控。

其实,仔细分析迄今为止的险资举牌事件,排除个别过于激进的险企举牌行为以外,多数险资的举牌行为都并非是一时冲动,无论是从动机、时点还是从标的、战术来看,基本上都是合乎逻辑的行为。因此,多数人认为只要股权投资比例保持在监管部门规定的比例之内,控制住流动性风险就大可不必多虑。然而,逻辑合理就一定会有美好的结果吗?问题并非如此简单。

首先,怎么看"举牌"的流动性风险?"举牌"意味着把较多的资金"押宝"在某一个上市公司,即重仓持有某一只股票,因此,首要的问题是如何规避流动性风险。目前险资股票股权等权益类投资占比不到25%,而且从险资举牌的标的看,主要以价值股、蓝筹股为主,故按照40%的股权投资比例为限,距离监管红线还有很大的空间。仅就此而言,流动性风险确实不足多虑。但是从险资举牌标的行业分布看,首先是房地产,之后是银行业。在2015年险资举牌的35家标的公司中,就有6家都是地产公司。考虑房地产和金融业一贯最受险资青睐,若将持股比例尚未达到5%的地产金融股也考虑进去,加上险资通过各种渠道持有的未上市地产、金融股权、股权投资基金等权益类资产,再加上海外投资中所持有的地产金融资产,只怕权益类投资的集中度不可小觑。众所周知,投资股票的收益和风险来自市场、行业和个股三个层次,重仓持有的股票的流动性风险不仅包含某个公司特有的流动性风险,而且包含其行业的流动性风险。因此,简单地用持股比例不足以反映某个"举牌"险企所含有的流动性风险,而保险业股权类投资的流动性总风险也不仅仅是各个险企持股比例的简单相加。要精准估算流动性风险,需要对风险进行更加全面和细化的考量。

其次,怎么看"举牌"的动机?不论出于何种动机,也不论动机"好"与"不好",对于举牌险企自身而言,总归有其合乎自身利益考虑的逻辑。或者缘于保费规模快速增长导致的资产配置压力;或者缘于理财型保险结算利率较高而引起的资产配置需求;或者缘于大盘蓝筹股低估值高分红所产生的吸引力;又或者缘于应对"偿二代"实施而进行的资产配置战术调整;如此等等。总之,关于"举牌"动机的是是非非用"1000个人的眼里有1000个哈姆雷特"来形容是再贴切不过了。尽管如此,在低利率、"项目荒"、"资产荒"、股票市场优质投资品种稀缺的环境下,采取积极的股权投资策略,扩大股票投资比例无论如何都是合理合情的举牌动机。举牌作为一种积极的股权投资策略,通过挖掘上市公司的投资价值,获得一定比例的股权并中长期持有,就可以掌握更多的话语权,在上市公司重大的经营管理决策和治理结构中发挥积极的作用。然而,这并不意味着,要成为稳定的机构投资者就一定要取得上市公司的控股权,并直接参与公司的经营管理,更不可将通过积极股权管理重仓持股异化为对分散化投资策略的否定。术有专攻,业有所长,从事不同行业的企业经营需要具备特定行业的经营管理能力和经验,扮演的是"职业经理人"的角色,而保险公司是专职从事资本经营的机构,扮演着"资本家"的角色,其特长是对资本市场趋势的把握,以及对风险和收益关系的良好判断能力,故而应专注于资本投向的配置与选择,而不是越俎代庖,通过自己的直接操作来控制甚至是管理各行各业的上市公司,去进行实体经营。作为企业管理者需要将精力和资金集中在自己善于经营的资产方向上,而作为资本经营者则要求一定程度的多元化以分散投资风险,这种多元化是可以通过对在不同专业化方向上经营的资产的投资实现的。因此,组合投资、分散投资始终都是保险资金运用应该秉持的一贯原则。

中国保监会资金运用监管部主任曾于瑾表示,根据2004—2015年的历史数据统计,12年来平均股票投资收益率为12.5%,显著高于债券的4.41%和银行存款的4.37%,在保险大类资产配置中是投资收益率最高的品种。不难预测,2016年在全球经济增长中枢下行和低利率环境下,相对高收益的固定收益类资产将越来越稀缺,保险公司加大股票投资的比例将是大势所趋。尽管2015年中国的资本市场风起云涌、跌宕起伏,大多数的保险机构仍然取得了不俗的投资业绩。2016年是"十三五"的第一年,也是我国全面建成小康社会决胜阶段的开局之年。中国经济经过多年调整后,很有可能步入一个新的上升时期。在这样一个新的历史阶段,保险机构能否重现昨日的辉煌,就要看他们的投资和风险控制的水平了。

借力母基金投资顶级PE

李心愉

2016-05-24

当国内大多数投资者还在热衷于通过LP或GP身份进入创投基金、并购基金等私募股权基金时,一些有先见之明的机构投资者已将目光转向了一种被称为亏损概率可以降至零的投资工具——私募股权母基金。

私募股权母基金(Private Equity Fund of Funds,PE-FOF)是以私募股权投资基金为主要投资对象的私募基金。众所周知,PE基金的特点是流动性低、风险高、收益高。与直接投资PE基金和直接投资企业相比,投资PE-FOF的风险要小得多。这主要是因为母基金的特点是充分分散风险、跨周期配置。PE-FOF 将募集到的资金投放到不同种类的 PE 基金中,而母基金所投的这些不同的 PE 基金又投资了不同类别的若干企业,这种双层分散化投资的特性使得母基金投资组合能够更好地实现多样化,降低整体风险。在整个投资价值链中,PE-FOF 同时扮演了普通合伙人(GP)和有限合伙人(LP)的双重角色:面对高净值人群和捐赠基金、保险基金等机构投资者时,母基金充当 GP 的角色,为投资者管理资金并选择 PE 基金进行投资;面对创投基金、并购基金和成长基金等 PE 基金时,母基金又充当了 LP 的角色,成为各类 PE 基金的投资人。市场上 PE 基金数量众多,各类 PE 基金由于受到时间、项目、地域和基金经理能力等诸多因素的影响,其表现参差不齐。母基金作为 PE 基金的专业投资人不仅具有对 PE 基金良好的甄别能力,而且往往与许多业绩优秀的 PE 基金保持着良好的合作关系,从而可以很好地解决投资人进入优秀 PE 基金的渠道问题。据 European Investment Fund(EIF)2004 年的一项测算,投资 PE-FOF 出现极低或极高回报的概率都要远低于投资企业和投资 PE 基金,而且 PE-FOF 的投资回报向均值收敛的程度最高且无全面亏损的可能。

保险公司一向被认为是较适合进行私募股权投资的机构投资者,这是因为保险资金具有长期、稳定的特性,保险资金设立并参与私募基金项目,对于保险资金优化资产配置、强化资产负债匹配管理都会起到不小的作用。然而,回顾险资投资 PE 的监管政策和市场状况不难看出,"政策空间大,市场发展慢"是基本特征。早在 2010 年 9 月,中国保监会就发布了《保险资金投资股权暂行办法》，允许保险公司投资股权投资管理机构发起设立的股权投资基金等相关金融产品，这标志着险资投资PE的开闸。随后一系列相关政策出台，从多个方面对险资PE投资进行了政策上的解锁。但保险资金并未大量涌入PE市场，而是积极布局，小步慢走。这一方面体现了保险公司对资金运用的谨慎和稳健，另一方面也说明保险公司在PE投资领域的经验和人才储备等方面相对不足。经过近六年的布局，截至2015年年底，保险资金共参与了32起PE投资事件，涉及1514.79亿元投资额。相比于2014年不足700亿元的投资总额，增速显著，但相比于十几万亿元规模的保险总资产显然还有很大的空间，即使按照30%的股权投资比例，其中10%投资于PE，也可达到万亿元级的PE投资规模。

得益于2015年上半年火爆的权益市场，叠加债券市场牛市的延续，保险资金较好地把握了大类资产轮动的投资机会，创出了高达7.56%的投资收益率水平。但是，未来保险资金运用将面临经济转型与下行压力加大、利率持续下行、资产荒加剧的严峻形势。中国保监会日前发布一季度统计数据显示，2016年第一季度保险行业依旧呈现快速发展态势，原保险保费收入同比增长42.18%，但预计第一季度保险业利润为389.36亿元，同比下降55.29%。针对保费增而利润降的现象，中国保监会统计信息部统计管理处处长白云解释称，这主要是受到宏观经济形势和资本市场波动影响，保险资金投资收益率下滑所致。因此，期望通过大额不动产投资、海外投资和PE投资获取部分高收益以锁定未来稳定收益已然成为眼下许多保险公司的理想选择。

就 PE 投资而言，保险资金的优势主要在于资金体量大、期限长并且稳定，劣势在于对细分领域的小项目和深入的行业研究存在不足，同时对资金的安全和稳健性要求较高，而低风险大容量和配置功能强恰好是 PE-FOF 的固有特性，从而成为能够承接大体量险资的优质平台。

PE-FOF 是私募股权基金行业发展到一定阶段的产物，全球私募股权投资行业母基金占比接近 50%。虽然目前 PE-FOF 在中国仍然寥寥无几，但这些年来私募股权市场的发展已经为私募股权母基金提供了资产规模的条件，母基金的渠道优势得以显现。截至 2015 年 11 月底，中国私募股权基金达 6 722 只，认缴规模达 26 329 亿元。目前本土市场已形成以母基金形式运作的三大基金阵营：政府引导基金，国有企业参与设立的市场化母基金，民营资本运作的市场化人民币母基金。2016 年 4 月 1 日，中国母基金联盟在京成立，这对于引导、协调和规范私募股权投资基金投融资活动，促进行业自律与规范发展，提高我国母基金及基金行业的科学化管理水平必将产生积极的影响。更为可喜的是，2016 年 1 月在上海自贸区正式挂牌成立的，由 27 家保险公司和 15 家保险资管机构、4 家社会资本组建的中保投资有限责任公司，其首期高达 400 亿元的中国保险投资基金已顺利募集完毕并开始出海"淘宝"。根据此前公布的《中国保险投资基金设立方案》显示，该基金总规模预计为 3 000 亿元，作为保险系的首只母基金，将对接国内外各类投资基金。显然，中国母基金市场的发展为保险资金加速进入 PE 市场打开了通道。

目前险资参与 PE 市场的方式主要包括保险资管直投、以 LP 身份参与基金和保险系 PE 基金直投三种，并初步呈现出对夹层基金的青睐。未来不妨尝试将目光转向母基金。对于资金体量相对较小、缺乏项目来源的中小保险公司,以 LP 的身份参与母基金,可借力母基金投资顶级 PE,分享优质项目所带来的高收益;对于资金体量大但在 PE 团队的建设和锻炼上尚需时日的保险公司而言,借助母基金既可以实现 PE 投资的多元化配置,又可以在实践中争取到壮大自身实力的良机,取得事半功倍的效果;对于资金实力雄厚正在积极开拓海外投资的保险巨头来说,投资母基金,相比出海"扫楼"或直接股权投资,可以更轻松地实现多元化资产配置和稳健投资,而不必承受试错之痛。因此,无论从哪个方面来看,通过投资母基金间接投资 PE 都是保险资金成为私募股权市场的有力参与者并实现稳健回报的良好选择。

大资管时代：保险资产管理面临的新挑战

李心愉

《中国商业保险》2016年第2期

2012年下半年以来，金融业内各项资产管理新政相继推出，监管限制逐渐放宽，银行、信托、保险、券商、基金公司、期货公司等金融机构均以前所未有的热情纷纷加入资产管理阵营。前瞻产业研究院《中国资产管理报告（2015）》的数据显示，截至2015年年底，我国泛资产管理市场管理的资产总规模约为93万亿元，扣除其中所含通道业务的重复计算后，总规模仍高居67万亿元左右。2012—2015年，资产管理规模的年均复合增长率达到51%，成为金融体系内最具活力和成长潜力的板块。毫无疑问,我国已经处在一个竞争、创新、混业经营的大资管时代。新的时代、新的特点、新的风险,无疑在给保险资产管理公司带来新机遇的同时,也形成了更加严峻的挑战。在未来更加复杂的外部环境和更加激烈的竞争市场中,保险资产管理业将面临来自五个方面的挑战。

一、国际市场风云变幻,国内经济增速趋缓,长期利率下行,资产配置难度显著加大

当前,上一轮国际金融危机的深层影响并未完全消除,全球经济仍处于深度调整期,各国间发展不平衡的问题依然十分突出,而这种不平衡和矛盾的存在又进一步加剧了国际市场的动荡。由于中国经济与全球经济已经进入深度融合阶段,与各国之间的金融关系也越来越紧密,复杂多变的国际经济金融环境必然加大保险资产管理行业面临的市场风险、流动性风险和地域风险等,从而加大保险资产管理行业的波动。另一方面,我国经济正处于经济增速减缓、产能过剩、经济结构调整、增长方式转变、长期利率下行、实体经济经营困难、股市债市萎靡不振、市场信用风险频发的特殊时期,从而导致优质资产稀缺,保险资产负债匹配难度显著加大。

二、金融同业竞争壁垒逐步打破,多元融合及全面竞争将重塑资产管理行业格局

大资产管理时代所称之"大",不仅仅意味着资产管理的规模已达到一定的数量级别,而且意味着金融同业之间的竞争壁垒被打破。一方面是不同金融机构被允许开展同质的资产管理业务;另一方面是原有资管业务的外延不断拓展,内涵不断丰富,金融类牌照相互之间的业务协同性明显增强。上述这些特点使得金融同业之间的竞争更加激烈、联系更加紧密、合作更加深入,一个多元、包容、开放和竞争的格局形成,商业银行、证券公司、基金公司、保险资管等各类金融服务机构在资产管理的市场上充分竞争,群雄逐鹿,各显神通。

根据前瞻产业研究院的《中国资产管理报告(2015)》,目前我国资产管理行业的基本格局由银行、信托、保险、券商、基金、基金子公司与私募基金这七大板块形成,银行、信托和保险资管依次占据了前三位。需要引起重视的是,在七大板块中,基金公司(公募＋专户)作为最传统的资产管理机构其发展势头最为迅猛。相比于2014年,2015年基金公司管理的资产规模增长了118％,银行理财为56％,券商资管为50％,保险为22％,信托为16％。同时,在资产管理市场上还不断有新的竞争对手在悄然崛起。例如,期货公司作为"市场新秀"在2014年管理的资产规模仅为125亿元左右,到2015年一跃而起就达到了1045亿元,增长了7倍多。此外,还有不容忽视的第三方财富管理机构,据"投资中国"官网公布的数据,2015年其管理的资产规模已占行业5％的市场份额。

显然,在大资管市场日益激烈的竞争中,行业格局随时可能发生变化。

三、投资银行、资产管理、财富管理三体合一的资产管理模式挑战保险资产管理机构的综合金融服务能力

相比于原来较为单纯的理财业务或投行业务模式,大资管时代的资产管理将具有更加丰富的内涵和外延,投资银行、资产

管理和财富管理的三体合一模式将成为未来资产管理的主流模式。

在资产端,受国际国内经济前景变幻莫测、长期利率走势下行的影响,各资产管理机构争夺优质资产的竞争将更加激烈。为了更好地管理投资者的财富,获得超越市场预期的收益,资产管理机构必须尽快摆脱仅仅充当买方角色而被动地接受金融市场上的股票、债券等金融产品的定位,逐步建立"资管产品投行化"的模式,实现从买方向投资链的上游——卖方投行的转变。

在资金来源端,由于互联网的普及,资产管理机构与投资者的接触变得更加直接和便利,资产管理机构得以更好地把握投资者的风险与需求,并依此设计出更加多样化的产品米满足客户投资需求,资产管理与财富管理的边界将越来越模糊。因此,未来资产管理机构不再仅仅作为单一的投资产品提供商,而是成为通过综合金融服务平台,为客户提供投资顾问、消费支付、财务规划、资产配置、产品交易、信息咨询等服务的综合金融服务提供商,这实际上承担了财富管理业务的功能。

目前,为客户提供受托投资和全方位融资等资产管理服务的大资管业务,特别是通过金融产品组合来整合产业链,已成为金融业内各资产管理机构争夺市场竞争位次、应对大资管外部环境变化的重要战略举措。在这样的形势下,保险资产管理公司能否顺势而为,转变发展模式,尽快补上投行服务和财富管理的短板,培育自身贯通不同金融市场、开展跨市场的配置"资金—资产"的综合金融服务能力就显得尤为重要。

四、先进、安全和高效的信息技术系统与资产管理全过程的紧密融合将引领行业创新

大资管时代的技术变革极大地丰富了资产管理的手段。大资管时代技术变革的动力来自两个方面：一是资产管理行业规模的不断扩大，产业链的日益细化以及管理模式的变革；二是日新月异的互联网、云计算、客户体验、大数据等技术的大力发展。由上述两方面动力共同驱动的技术变革将会推动资产管理技术更加智能化、移动化、定制化和高效率。例如，投资端的量化投资、数据处理、算法模型、市场预测；风险管理方面的资产配置、信用评估、法律合规、风险控制与风险预警等；其他如更加多样化的投资者互动与定制服务等，都需要运用操作便捷、流程清晰、数据全面、结果精准的信息技术系统。应该看到，近年来金融科技（Fin Tech）在提升金融效率方面已经取得了突破性的进展。毫无疑问，未来资产管理市场的竞争也必然是信息技术系统先进性和高效性的竞争，一个优秀的资产管理公司也一定是一个优秀的科技公司。

五、人力资本将成为资产管理行业中超越资本最活跃的因素

资产管理是典型的知识密集型、人才密集型行业，高度依赖具有专业知识和能力的人力资本。作为一个轻资产行业，"人脑＋电脑"几乎就是资产管理机构的全部财富，这里的"电脑"指的是先进的信息技术，而先进的技术依赖专业的人才。大资管业务涉及面广、专业性强、结构复杂，在公司外部需要打通不同市场、不同机构、不同价值链环节间的壁垒；在公司内部需要打通产品界面、业务界面、组织界面之间的屏障；在产品与服务方

面需要设计出有竞争力的产品,需要对不同风险度的产品和客户实施差异化定价,对不同类型、属性和特征的风险进行科学有效的切分、重组,以实现风险与收益之间的合理匹配。这些无疑对资产管理机构的人才结构、团队管理水平、资源整合能力、客户服务能力、风险防控能力和职业道德水准等提出了很高的要求。显然,这对于专业人才储备不足的保险资产管理机构是一个不小的挑战。

"十三五"规划指明保险资金运用三个辩证关系

李心愉

2016-10-18

中国保监会日前印发的《中国保险业发展"十三五"规划纲要》(以下简称《纲要》),在全面分析我国保险业面临的发展机遇和风险挑战的基础上,指明了我国保险业未来五年的发展方向和重点任务。针对保险资金运用领域,《纲要》指出,"要发挥保险资金期限长、规模大、供给稳的独特优势,扩大保险投资领域,创新资金运用方式,优化保险资金配置,提高保险资金服务实体经济效率",提纲挈领地点出了保险资金运用中的三个辩证关系,对于保险资金运用的改革创新具有重要的指导意义。

首先,优化保险资金配置是"十五"规划期间保险资金运用的重要任务。多元化资产配置是保险资金运用市场化专业化的基本前提和主要标志。党的十八大以来,在保监会"放开前端,管住后端",简政放权的政策支持下,保险资金配置空间已由传统领域扩展至现代金融领域,由虚拟经济扩展到实体经济,由国内市场扩展到国际市场,保险资金服务实体经济的方式和路径也更加多样,一个多元化的资产配置格局基本形成,投资效益得到了提高和改善。"十三五"时期世情国情继续发生深刻变化,保险资金运用将面临更加复杂多变的经济金融环境。在全球经济深度调整、国际金融市场波动加大、中国经济增速减缓、实体经济经营困难、长期利率下行、股市债市萎靡不振、市场信用风险频发等诸多不利因素的叠加影响下,市场上优质资产稀缺,未来保险资金配置的难度将显著加大。目前主要依靠金融市场的整体利好来提升资产组合的价值仍然是我国保险资金运用的短板,未来须通过进一步扩大保险投资领域,优化保险资金配置,来实现保险资金运用的提效升级。哈佛大学捐赠基金自1974年成立到2015年,基金的平均收益率达12.2%,其成功的秘诀就是基于不确定性因素的长期资产配置管理策略和方法。

优化保险资金配置需要拓宽发展视野,把握全球资产配置机会,充分用好国际国内两个市场、两种资源。例如,固定收益类资产一直是保险资产配置的主体,长期利率下降首先冲击的是债券类固定收益产品,这将给增量保险资金配置固定收益类资产带来较大压力。与国际上大多数国家一样,保险资产配置中固定收益类资产与其他资产的配置比例约为8∶2,这两年已降到7:3左右。即便按2015年保险资金运用余额新增1.8万亿元的规模算,其70%就是1.2万亿元,这个数字给未来固定收益类资产配置带来的压力是显而易见的。因此,未来优化保险资金配置可以考虑适当降低总的债券投资比例,同时调整各类别债券在总债券中的占比,如增加国债和金融债等信用级别高的债券投资比例以降低信用风险。此外,应该积极寻求具有稳定现金流的其他金融产品来替代债券类固定收益资产,如增加高股息蓝筹股、优先股的股权投资,增加具有较为稳定现金流的资产支持证券和夹层基金等另类投资。此外,应该充分利用国际资源,开拓国际市场。国外很多著名的保险机构基本都实现了资产的全球化配置,如英国境外投资的比例为36%,日本为20%。而我国截至2015年12月,境外投资占总资产比例仅为1.9%,从投资区域来看,以投资香港市场为主,从投资的品种来看,以权益类资产和不动产为主,显然尚未实现真正的全球化配置。未来在人民币国际化、"一带一路"战略实施和资本项下逐步开放的大背景下,保险资产配置国际化会面临更多的新机会,保险机构应该抓住时机,适时拓展海外投资区域和品种,推动全球化资产配置达到新的水平。

其次,创新资金运用方式应成为推动优化保险资金配置、提高保险资金服务实体经济效率的不竭动力。从根源上说,保险资金运用相对于其他机构投资较为传统、保守和理性。这主要是由于高负债特性的保险资金通常具有更强烈的风险厌恶性,而保险资金的运用必须符合保险资金来源的风险偏好。然而,在竞争、创新、混业经营的大趋势下,保险资金固有的盈利模式已受到严峻的挑战,必须通过创新打破现有的盈利模式以应对挑战。虽然受益于市场化改革,保险资金运用的创新意识已经有了明显提升,但要满足适应新形势、抓住新机遇的需要,仍需加大保险资金运用的创新力度,通过创新扬长补短。一方面,要充分利用保险资金期限长、规模大、供给稳的独特优势,通过创新来丰富业务类型、扩宽投资领域、变革投资模式;另一方面,要积极探索保险资产管理的组织创新、产品创新等。大资管时代,回归主动管理是大势所趋。保险资产管理公司应强化市场意识,提升业务管理的前瞻性和主动性。金融产品是金融机构获取金融资源和客户资源的重要载体,与证券、基金、信托等以产品为主体的资产管理机构相比,目前我国保险资产管理机构的产品化率仍比较低,必须加大产品创新力度,尽快从传统的受托账户管理模式转变为"资管产品投行化"的模式。近年来保险资产管理在产品发行方面积累了一定的经验,并在债权投资计划、股权投资计划、组合投资计划、资产证券化和类基金产品方面形成了自己的特色,未来应在发挥原有产品特色的基础上借助进一步的产品创新,实现由公募业务向私募业务的拓展,由投资业务向投行业务的拓展,由境内业务向境外业务的拓展,最终实现从买方向投资链的上游——卖方投行的转变。

最后,新形势下推进保险资金运用健康持续发展,既要改革创新,更要加强资金运用的风险管控。"十三五"时期保险资金运用面临的经济金融环境更加复杂多变,而且新的风险还会不断涌现,对保险资金运用的风险管控水平提出了更高的要求。例如,提高另类投资和海外投资比例以优化大类资产配置,但"低利率""资产荒"必然导致优质项目竞争激烈,保险资产管理对接另类投资的难度相应增大。并且由于非公开市场交易、估值波动大,另类投资的价格往往容易被高估,特别是被认为有发展前景的高新技术产业通常估值过高,倘若判断失误高价买入,必将阻碍资金未来的退出,从而加大流动性风险。跨境投资的目的是分散风险、优化资产配置,但因地域、政治、法律、文化、语言等差异的存在,使得跨境投资所面临的政治、法律、利率、汇率和市场风险等要比境内投资更多、更复杂且更难以预测和把握,一旦决策失误所产生的不良后果也往往更难挽回。而目前我国的保险资金运用仍存在内控不健全、机制不完善、治理手段相对滞后等问题,未来要实现贯通不同金融市场、开展跨市场配置"资金—资产"的综合金融服务能力,亟须建设一个能够将先进、安全和高效的信息技术系统与资金运用全过程紧密融合的内控体系。新的内控体系,不仅要能够采用大量传统的风控技术对投资、融资、交易的全过程以及客户信息进行严密的分析、评估、监控、预警,而且要能够充分应用大数据技术和互联网解决资产配置中风险控制的难题,通过大数据技术、互联网将行为心理学研究成果转化为对投资者的经济实力、风险承受能力和行为准则更加客观、更加精准的判断和评估,寻求对产品风险与投资者最适度的匹配,让客户获得最大的满意度。

大资管时代：保险资产管理走向何方？

李心愉

2016-08-09

当前，我国金融体系正经历着重大的结构性变化，其中最引人注目的就是"大资管时代的到来"。2012年下半年以来，金融业内各项资管新政相继推出，监管限制逐渐放宽，银行、信托、保险、券商、基金公司、期货公司等均以前所未有的热情纷纷加入资产管理阵营，即便是在2013年股债双双弱势的背景下，资产管理也依然成为金融市场最热的话题。截至2015年年底，包括银行理财、信托、保险资管、券商资管、公募基金、基金子公司、私募基金等在内的泛资产管理市场管理的资产总规模已达到约93万亿元,扣除其中所含通道业务的重复计算,总规模仍高居67万亿元左右。2012—2015年,我国资产管理规模年均复合增长率达到51[①],成为金融体系内最具活力和成长潜力的板块。毫无疑问,我国已经处在一个竞争、创新、混业经营的大资管时代。新的时代、新的特点、新的风险,既给保险资产管理带来了新的机遇,也对保险资产管理形成更大的挑战。未来保险资产管理将需要面对更加复杂的外部环境和更加激烈的竞争市场,如何把握机遇、应对挑战,在风险可控的前提下赢得竞争优势,显然是对以资产管理行业新秀面世的保险资产管理公司的变革能力的重大考验。

一、大资管时代保险资产管理行业面临的风险与挑战

(一)国际市场风云变幻,国内经济增速趋缓,长期利率下行,资产配置难度显著加大

当前,上一轮国际金融危机的深层影响并未完全消除,全球经济仍处于深度调整期,各国间发展不平衡的问题仍然十分突出,这种不平衡和矛盾的存在进一步加剧了国际市场的动荡。由于中国经济与全球经济已经进入深度融合阶段,与各国之间的金融关系也越来越紧密,复杂多变的国际经济金融环境必然加大保险资产管理行业的波动,加大保险资产管理行业面临的市场风险、流动性风险和地域风险等。另一方面,我国经济正处于经济增速减缓、产能过剩、经济结构调整、增长方式转变、长期利率下行、实体经济经营困难、股市债市萎靡不振、市场信用风

---

① 前瞻产业研究院:《中国资产管理报告(2015)》。

险频发的特殊时期,这些都导致优质资产稀缺,保险资产负债匹配难度显著加大。

(二) 金融同业竞争壁垒逐步打破,多元融合及全面竞争将重塑资产管理行业格局

之所以在"资产管理"前加上一个"大"字,不仅仅意味着资产管理的规模在存量和增量上都已达到一定的数量级别,而且在于随着资产管理牌照限制的放宽,银行、证券公司、期货公司、基金管理公司、保险公司、信托公司等金融同业之间的竞争壁垒被逐步打破。一方面是不同金融机构被允许开展同质的资产管理业务;另一方面则是原有资管业务的外延不断拓展,内涵不断丰富,金融类牌照相互之间的业务协同性明显增强。上述这些特点使得金融同业之间的竞争更加激烈、联系更加紧密、合作更加深入,一个多元、包容、开放和竞争的格局开始形成,商业银行、证券公司、基金公司、保险资管等各类金融服务机构在泛资产管理的市场上充分竞争,群雄逐鹿,各显神通。

从表1可以看出,银行、信托、保险、券商、基金、基金子公司与私募基金这七大板块形成了我国目前大资管行业的基本格局,银行、信托和保险资管占据了前三位。值得一提的是,大资管时代的到来为金融业各类机构都提供了难得的发展机遇,资产管理市场上不断有新的竞争对手悄然崛起。例如,"市场新秀"期货公司在2014年管理的资产规模仅为125亿元左右,2015年一跃而起达到了1 045亿元,增长了7倍多。此外,还有不容忽视的第三方财富管理机构,据"投资中国"官网公布的数据,2015年其管理的资产规模已占行业5%的市场份额。从表1还可以看到,在七大板块中,基金公司(公募＋专户)作为最传

统的资产管理机构发展势头最为迅猛,2015年其管理的资产规模增长了118%,银行理财为56%,券商资管为50%,保险为22%,信托为16%。

表1 2014—2015年资管行业各类机构管理的资产规模

	2014年		2015年	
	绝对规模（万亿元）	行业占比（%）	绝对规模（万亿元）	行业占比（%）
行业总计	60.00	100.00	93.00	100.00
其中:银行理财	15.02	25.03	23.5	25.27
信托	13.98	23.3	16.3	17.53
保险资管	10.16	16.93	12.36	13.29
券商资管	7.95	13.25	11.89	12.78
基金(公募+专户)	5.76	9.6	12.56	13.5
基金子公司	3.74	6.23	8.57	9.22
私募基金	2.13	3.55	5.07	5.45
期货公司(亿元)	124.82	0.02	1 045.00	0.11

资料来源:前瞻产业研究院,《中国资产管理报告(2015)》;光大银行与波士顿咨询,《2015年中国资产管理市场报告》;中国证券投资基金业协会网站。

显然,在大资管市场日益激烈的竞争中,行业格局随时有可能发生变化,保险资管行业并不占优势。

(三)投资银行、资产管理、财富管理三体合一的资产管理模式挑战保险资产管理机构的综合金融服务能力

相比于原来较为单纯的理财业务或投行业务模式,大资管时代的资产管理将具有更加丰富的内涵和外延。传统的资产管理业通过向上下游的投资银行、财富管理不断跨界融合,正在转向投资银行、资产管理和财富管理的三体合一模式,这将成为未来资产管理的主流模式。

受国际国内经济前景变幻莫测、长期利率走势下行的影响,在未来的市场环境中,投资的资产端的信用风险和流动性风险

将明显加大,资产管理机构争夺优质资产的竞争将更加激烈。在如此严峻的形势面前,资产管理行业已经充分认识到要更好地管理投资者的财富,获得超越市场预期的收益,就必须尽快摆脱仅仅充当买方角色而被动地接受金融市场上的股票、债券等金融产品的定位,逐步建立"资管产品投行化"的模式,实现从买方向投资链的上游——卖方投行的转变。

在资金来源端,由于互联网的普及,资产管理机构与投资者的接触变得更加直接和便利,使得资产管理机构得以更好地把握投资者的风险与需求,设计出更加多样化的产品来满足客户投资需求,资产管理与财富管理的边界将越来越模糊。因此,未来资产管理机构不再仅仅作为单一的投资产品提供商,而是通过综合金融服务平台,为客户提供投资顾问、消费支付、财务规划、资产配置、产品交易、信息咨询等服务的综合金融服务提供商,这实际上承担了财富管理业务的功能。

目前,为客户提供受托投资和全方位融资等资产管理服务的大资管业务,特别是通过金融产品组合来整合产业链,已成为金融业内各资产管理机构争夺市场竞争位次、应对大资管外部环境变化的重要战略举措。在这样的形势下,保险资产管理公司能否顺势而为,转变发展模式,尽快补上投行和财富管理的短板,培育自身贯通不同金融市场、开展跨市场的配置"资金—资产"的综合金融服务能力就显得尤为重要。

(四)先进、安全和高效的信息技术系统与资产管理全过程的紧密融合是获取竞争优势的基本保证

在大资管时代,随着资产管理内涵和外延的不断扩展和丰富,投融资的领域、区域、工具、交易结构、交易对手等会变得越

来越复杂,风险因素也相应地更加多样和隐蔽,资产管理机构必须通过开发和运用更加先进高效的技术进行业务运营和风险管控来提升自身的综合金融服务能力。

大资管时代的技术变革极大地丰富了资产管理的手段。大资管时代技术变革的动力来自两个方面:一是资产管理行业规模的不断扩大,产业链的日益细化以及管理模式的变革;二是日新月异的互联网、云计算、大数据等技术的大力发展。由上述两方面动力共同驱动的技术变革将会推动资产管理技术更加智能化、移动化、定制化和高效率。例如,投资端的量化投资、数据处理、算法模型、市场预测;风险管理方面的资产配置、信用评估、法律合规、风险控制与风险预警等;以及更加多样化的投资者互动与定制服务等,都需要运用操作便捷、流程清晰、数据全面、结果精准的信息技术系统。应该看到,近年来金融与科技的相互融合、共同提升金融效率出现突破性的进展——金融科技(FinTech)已然成为金融界与科技界最为关注的大事。可以说,未来资产管理市场的竞争也是信息技术系统先进性和高效性的竞争,一个优秀的资产管理公司也一定是一个优秀的科技公司。

(五)人力资本投入是资产管理机构保持和提升核心竞争力的重中之重

资产管理是典型的知识密集型、人才密集型行业,高度依赖具有专业知识和能力的人力资本。大资管业务涉及面广、专业性强、结构复杂。在公司外部需要打通不同市场、不同机构、不同价值链环节间的壁垒;在公司内部需要打通产品界面、业务界面、组织界面之间的屏障;在产品与服务方面,需要不断设计出有竞争力的产品,需要对不同风险度的产品和客户实施差异化定价,对不同类型、属性和特征的风险进行科学有效的切分、重组,以实现风险与收益之间的合理匹配。作为一个轻资产行业,"人脑+电脑"几乎就是资产管理机构的全部财富,这里的电脑指先进的信息技术,而先进的技术依赖专业的人才。这些无疑对资产管理机构的人才结构、团队管理水平、资源整合能力、客户服务能力、风险防控能力和职业道德水准等提出很高的要求。未来资产管理行业的从业人员将是精通金融、法律、产业经济,具备优秀人际交往能力、过硬心理素质和良好职业道德的人才,成为资产管理行业中超越资本最活跃的因素。可以说,未来资产管理行业的竞争最终将归结于对人才的竞争。

二、保险资产管理应对大资管时代变革的对策

深刻认识大资管时代的特征和大趋势以及保险资产管理将面临的挑战,目的是跟上时代的潮流,未雨绸缪,坦然应对。事实上,眼下保险资管、银行、券商、信托、基金等金融业内各类机构在这个问题上已经达成了基本共识,行动迅速的机构则已经针对各行业自身的优劣势提出了各自具体的应对策略,甚至开始积极着手战略布局。因此,本文仅围绕以下两个问题对保险资产管理应对大资管时代变革的策略进行探讨。

(一)保险资产管理如何安全度过当前"低利率""资产荒"的寒冬

在大资管时代保险资产管理将面临更加不确定的经济金融环境已是不争的事实,特别是2016年以来,保险资产管理既要承受利率下行背景下优势"资产荒"的压力,又要承受保费快速增长的投资压力,还要直面来自金融业内其他资产管理机构的

竞争压力,如何在这样的多重压力之下确保投资收益率不发生较大的下滑,可以说是保险资产管理机构需要解决的当务之急。

固定收益类资产一直是保险资产配置的主体,长期利率下降首先冲击的是债券类固定收益产品,这将给增量保险资金配置固定收益类资产带来较大压力。与国际上大多数国家一样,保险资产配置中固定收益类资产与其他资产的配置比例约为8∶2,这两年已降到7∶3左右。按2015年保险资金运用余额新增1.8万亿元的规模算,其70%就是1.2万亿元,这个数字对于信用风险显著增大的债券投资来说,压力是显而易见的。针对眼下形势,保险资管可以考虑适当降低债券总的投资比例,同时调整各类别债券的占比,如增加国债和金融债等信用级别高的债券投资比例以降低信用风险。此外,还可以积极寻求具有稳定现金流的其他金融产品来替代债券类固定收益资产,如增加高股息蓝筹股、优先股的股权投资,增加具有较为稳定现金流的资产支持证券和夹层基金等另类投资。总之,主动谨慎地调整大类资产配置、优化投资组合是保险资产管理机构应采取的基本措施。

在外部多重不利因素的压力之下通过调配大类资产配置寻找获利机会尤其需要时刻绷紧"防风险"这根弦,特别是要加强对信用风险和市场风险的防范。例如,提高另类投资和海外投资比例以优化大类资产配置的策略已得到保险资产管理业内人士的广泛认同,但在另类投资和海外投资升温的时候,切不可忽视它们所蕴含的风险。"低利率""资产荒"必然导致优质项目竞争激烈,保险资产管理对接另类投资的难度相应增大,并且由于非公开市场交易、估值波动大,另类投资的价格往往容易被高估,特别是被认为有发展前景的高新技术产业通常估值过高,倘若判断失误高价买入,必将阻碍资金未来的退出,从而加大流动性风险。跨境投资的目的是分散风险、优化资产配置,但因地域、政治、法律、文化、语言等差异的存在,使得跨境投资所面临的政治、法律、利率、汇率和市场风险等要比境内投资更多、更复杂且更难以预料和把握,一旦决策失误所产生的不良后果也往往更难挽回。

(二)保险资产管理如何突破现有模式,实现向投资银行、资产管理和财富管理三体合一模式的转变

金融产品是金融机构获取金融资源和客户资源的重要载体,面对大资管背景下竞争环境和竞争格局的变化,保险资产管理要满足各类投资者日渐复杂且多元化的需求,就必须发挥自身特长,设计出有竞争力的产品,尽快从传统的受托账户管理模式转变为"资管产品投行化"的模式。虽然与证券、基金、信托等以产品为主体的资产管理机构相比,我国保险资产管理机构的产品化率仍比较低,但自从2006年开始发行产品以来,保险资产管理通过不断推进市场化进程和业务创新,已经在产品发行方面积累了一定的经验并形成了自己的特色。目前,六类产品注册(备案)规模已达到1.8万亿元,占行业总资产的比例接近15%,特别是在债权投资计划、股权投资计划、组合投资计划、资产证券化和类基金产品方面颇具特色。保险资产管理机构未来应进一步发挥保险资金期限长、规模大、持续稳定的优势,在发挥原有产品特色的基础上借助进一步的产品创新,实现由公募业务向私募业务的拓展,由投资业务向投行业务的拓展,由境内业务向境外业务的拓展,最终实现从买方向投资链的上游——

卖方投行的转变。

保险资产管理要实现成功转型离不开高素质的专业人才队伍。目前保险资产管理机构的人才培养和储备远远不足，无论是从业人员数量，还是专业人员的专业结构分布，以及投研能力都与现实的要求仍有很大的距离，迫切需要加强人才队伍建设。因此，保险资产管理机构必须尽快建立起人才战略为核心的总体战略，通过创新有效的激励机制，打造以人才为核心的竞争优势。

大资管时代对资产管理机构的内控能力和水准将提出更高的要求。门槛低、淘汰率高使得资产管理市场上的优胜劣汰更加残酷。例如，1994年年初成立的有多位诺贝尔经济学奖获得者和曾在金融市场上叱咤风云的人物加盟的对冲基金——美国长期资本管理公司（LTCM），只用了四年就震撼了华尔街。1994年成立当年，LTCM的收益率就达到了28%，1995年达到59%，1996年这家只有100多人的对冲基金一共赚了21亿美元，收益率为57%。1994—1997年成立四年来LTCM每年的回报率平均超过40%，然而却在1998年的全球金融动荡中溃败，被其他金融机构接管，并于2001年清盘。此外，大资管时代下金融创新步伐的加快也会进一步加大行业经营风险。目前我国保险资产管理机的内部环境还比较薄弱，仍存在内控不健全、机制不完善、治理手段相对滞后等问题，未来要实现贯通不同金融市场、开展跨市场配置"资金—资产"的综合金融服务能力，亟须建设一个能够将先进、安全和高效的信息技术系统与资产管理全过程紧密融合的内控体系。新的内控体系，不仅要能够采用大量传统的风控技术对投资、融资、交易的全过程以及客户信息进行严密的分析、评估、监控、预警,而且要能够充分应用大数据技术和互联网解决资产配置中风险控制的难题,通过大数据技术、互联网将行为心理学研究成果转化为对投资者的经济实力、风险承受能力和行为准则更加客观、更加精准的判断和评估,寻求对产品风险与投资者最适度的匹配,让客户获得最大的满意度。

目前,资产管理业务已经发展成为发达国家金融机构的支柱业务和主要盈利来源之一,收入占比普遍达到25%以上。在中国,资产管理市场的发展空间同样十分广阔。"扬己之长,补己之短",苦练内功,致力创新,保险资产管理公司就一定能够在大资管时代实现弯道超越,脱颖而出。

CCISSR 社会保障与保险

基础养老金全国统筹需"加速"

耿志祥

2016-01-12

2015年10月29日,十八届五中全会一致通过了《中共中央关于制定国民经济和社会发展第十三个五年规划的建议》(以下简称《"十三五"建议》),其中,《"十三五"建议》中关于建立更加公平更可持续的社会保障制度方面提到"实现职工基础养老金全国统筹,建立基本养老金合理调整机制",引起了笔者的关注。实际上,早在2010年,《中华人民共和国社会保险法》中就首次明确提出"基本养老保险基金逐步实现全国统筹",《"十二五"建议》和纲要中也提到"实现基础养老金全国统筹",十八届三中全会再次提到"实现基础养老金全国统筹",五年过去了,从提法上的变化来看,我们看到了基础养老金全国统筹的决心,也看到了基础养老金全国统筹的实施方向,即首先实现城镇职工基本养老保险的基础养老金全国统筹,再实现城乡居民的基础养老金全国统筹。

基础养老金全国统筹是一项非常复杂的系统工程,需要系统而又全面的顶层设计,在实施过程中会遇到一些技术难题和阻碍力量,这是很正常的,改革需要"壮士断腕"的决心、勇气和智慧去破除这些难题和障碍。面对着人口老龄化高峰的临近和各省养老基金收支情况的巨大差异,笔者认为实现基础养老金全国统筹具有必要性和紧迫性,需要进入"加速"通道。

首先,对于整个国家而言,从其长远发展来说,实现基础养老金全国统筹更加有利。第一,实现基础养老金全国统筹可以在更大范围和程度上坚持精算平衡,大数法能最有效地发挥作用。第二,可以提高参保人员缴费的积极性,提高遵缴率,稳定收入来源,提高缴费总量,有助于实现养老保险的全覆盖,使得劳动者在退休时"老有所养",从而有利于构建和谐社会。第三,在省级统筹下,投资渠道往往单一,一般存放在银行或购买国债,资金收益较低,甚至为负(除去通货膨胀率),资金利用效率较低,管理成本较高,如果能够实现基础养老金全国统筹,则可以有效发挥基金的规模效应和成本管理效应,增强基金的抗风险能力,拓展基金的投资渠道,提高基金的投资回报率,从而在一定程度上可以缓解基金的支付压力。第四,可以在全国范围内实现资金余缺调剂,可以有效化解不同地区的负担比差异,解决流动性障碍,有效地分散风险,切实发挥基金的统筹共济功能,增强养老保险的公平性,促进养老保险的可持续发展。第五,可以解决劳动力跨地区间的自由流动,实现人力资源的优化配置,促进生产力的发展。第六,有助于缓解大城市的人群聚集和拥挤现象,缩小地区间的经济发展差异,有助于城镇化建设。此外,对于推动多个城市和区域协调共同发展有着重要的意义。第七,可以推动其他方面的改革,如教育公平性和户籍制度改革等方面。

其次,对于劳动者而言,尽管很多用人单位都给自己办理了养老保险,但是,由于基本养老保险的统筹层次较低,使得转移接续存在诸多限制条件或根本无法接续,部分劳动者在跨区域就业或回家乡后,由于原先缴纳的基础养老金不能接续,使得这部分缴纳的基础养老金被当地社保部门充公,造成了权利和义务的不对等,影响了公平性,挫伤了劳动者工作和缴费的积极性,有的劳动者不得不在同一个地区工作到缴费期满或退休后才选择到另外一个地区生活。显然,这极大地限制了劳动者跨地区的自由流动,有的家庭因此而长期分居两地,影响了劳动者幸福指数的提高。因此,劳动者对实现基础养老金全国统筹是非常期盼的。

最后,根据联合国人口司估计,2015年,世界人口中65岁及以上人口所占的比例为8.3%,我国这一比例为9.6%,超过了世界平均水平;到2025年,我国这一比例为14.2%,将进入"深度老龄化社会";而到2034年,这一比例将达到20.4%,我国将进入"超级老龄化社会"。人口老龄化程度的不断提高,再加上区域经济发展不平衡所引起的劳动力流动地区集聚现象,使得我国养老金总体收支缺口迅速增加和地区养老金收支结余差异迅速扩大。例如,财政部、人社部和国家卫计委关于2014年全国社会保险基金决算的报告显示,剔除财政补贴收入、利息收入等其他收入,企业职工基本养老保险费收入为18 726亿元,基本养老金支出为19 045亿元,收支相抵为负319亿元,而在2013年,该项收支差额还为正912亿元(2004—2013年,我国职工养老保险收入年度收支一直盈余),收支缺口的提前来临使得养老保险的可持续性受到极大挑战。另外,在2014年各省城镇职工养老金收支方面,根据《党的十八届五中全会建议学习辅导百问》透露,扣除财政补贴后,企业职工基本养老保险基金收不抵支的省份达到22个,而这一数字在2011年为12个,与此同时,一些省份结余比较充裕。例如,2014年,广东省养老金累计结余高达5 400亿元左右,居全国之首,江苏、浙江、北京、山东、上海、四川和辽宁等累计结余也比较充分。由此看来,人口老龄化程度的迅速提高和地区间养老金收支不平衡而导致的资金余缺调剂难题急需全国统筹。如果在这一问题上,地方政府还各自为政,那么随着人口老龄化程度的进一步加深就会使得这一问题更加突出,时间越长,解决这一问题的难度则会越大。因此,基础养老金全国统筹需要进入"加速"通道。

基础养老金主要保障退休人员的基本生活,笔者认为在实施过程中应该尽快建立全国统一的缴费基础和缴费费率,以实现全国统收统支。当然,可以设定一个过渡期,但时间不宜过长。基础养老金缴费费率可以降低一点(目前统筹部分是20%),这样可以减轻企业的负担,降低企业的生产成本,促进就业和企业创新。毕竟,从长期来看,企业得到发展才能实现经济增长,经济增长又有助于缓解养老金支付压力。同时考虑到地区经济发展水平的差异,政府应健全激励机制,激励个人和企业根据当地经济水平大力发展职业年金和企业年金,完善职工养老保险个人账户制度,发展商业养老保险。此外,还应配套相应的政策,如出台渐进式延迟退休年龄政策和个人税收递延型商业养老保险等。还可考虑要划转部分国有资本充实社保基金,保障全国统筹后的基本待遇不降低。

改革的时间表不宜拖得过长,"十三五"是全面建设小康的关键时期,如果能在"十三五"期间实现职工基础养老金全国统筹,意义重大。

我们需要什么样的养老保险产品?

陈 凯

2016-02-02

2016年一开年,养老保险市场就传来好消息。根据《上海证券报》的消息,个人税收递延型养老保险试点方案有望在年内推出,而且其内容或大超市场预期。据称此次初期试点的城市不再仅限于上海等个别的特大型城市,而是在各省选一个城市加四个直辖市全面铺开。这是继商业健康险税收优惠政策于2015年5月得到明确后,另一项专门针对保险业的税收优惠政策。毋庸置疑,个人税收递延型养老保险政策的出台,将会改变我国养老保险业的市场格局，无论是保险公司还是个人都将会从中受益。尤其是在我国老龄化速度加快的大背景下，大力发展个人商业养老保险已经刻不容缓。

个人税收递延型养老保险这一概念在我国已经讨论了近十年。早在2008年，国务院就曾经颁布过《关于当前金融促进经济发展的若干意见》，提出要"研究对养老保险投保人给予延迟纳税等税收优惠"。之后中国保监会和一些地方政府也在一直积极地筹划并推出个人税收递延型养老保险。尤其是2014年的保险"新国十条"颁布之后，其再度成为市场的热点，中国保监会也曾表示将在2015年推出试点。但是由于具体操作层面的种种困难，这项政策仍然悬而未出。虽然大家目前都已经意识到了个人税收递延型养老保险的重要性，但本文认为仍然有三个相关问题需要想清楚。

第一个也是最重要的问题就是个人税收递延型养老保险的急迫性，即我国现阶段是否急切需要这类养老保险产品。

根据2011年调整后的个税政策，我国目前缴纳个人所得税的起征点是3 500元。按照目前的统计，工薪阶层中只有大约8%的人超过起征点，需要纳税，这个人数约为2 800万。有学者曾经测算过，真正能从税收递延政策中受益的居民税前工资应至少超过8 000元（即全月应纳个人所得税所得额超过4 500元），满足这一条件的人数比例更少。因此，在国际上比较流行的税收递延型养老保险产品是否适合我国现阶段的国情还是一个问号。这样的问题主要是由于我国的税收制度造成的。与美国按照家庭的年度总收入计税的方式不同，我国的税收制度是通过个人的月收入来计税。这使得税收递延政策对我国养老保险购买的刺激大幅下降。因此，个人税收递延型养老保险政策的方向性意义可能大于其对居民养老的实际补充意义，我国是否急切需要个人"税收递延型"养老保险产品值得思忖。

虽然"税收递延型"的政策并非急不可待，但个人商业养老保险市场的发展却不应当停滞不前。因此，第二个问题就是现阶段是否应该大力推动个人商业养老保险的发展。

在我国社会养老保障的三支柱体系中，基本养老保险提供的是居民养老的基本保障，企业补充型养老保险（即企业年金和职业年金）是在基本养老保险的基础上为居民增加退休后的收入，使得居民在退休后仍然能够维持退休前较高的生活水平。而个人商业养老保险及储蓄相比前两者具有更多的自主性，可以为居民提供额外养老收入。由于老龄化问题的恶化，我国目前的基本养老保险已经出现了诸多问题。要解决这些问题，除了自身需要改革外，还需要第二和第三支柱的有力配合。虽然我国个人商业养老保险市场在现阶段的发展仍然不足，但其在我国社会养老保障体系中的重要性却是不可忽视的。个人商业养老保险大多是个人以自愿的方式进行购买，这给保险公司在产品设计上提供了很大的空间。同时由于养老保险兼顾收益和保障功能，可以更好地满足投保人不同的风险承担能力，也让投保人自身的理财计划具有更多的选择权。而且从整个国家构建社会养老保障体系的角度来看，只有大力发展商业养老保险，才能让政府有更大的空间来调整第一支柱的基本养老保险，缓解因老龄化而造成的不可持续问题。因此，本文认为现在是一个推动个人商业养老保险发展的关键时刻。

既然"税收递延型"刺激不足，商业养老保险又亟待发展，那么第三个需要搞清楚的问题就是我们需要什么样的商业养老保险产品。

这里借用一个最近很流行的词,叫作"供给侧结构性改革",其本质的核心就是要提高供给体系中的质量和效率,从而维持市场增长动力。对商业养老保险而言,收益和保障就是其核心质量。因此,无论是保险公司还是其他金融机构,在涉及养老保险产品设计时,一定要首先从"供给侧"改善养老保险产品的保障水平以及相对稳定的收益水平。我国目前的养老保险市场中的产品在收益水平上相比其他的金融理财类产品还有一定的差距,而在承保长寿风险的年金产品方面做得又不够,无法给投保人足够的养老保障,这就使得商业养老保险产品在市场上缺乏竞争力。即使税收递延政策能尽快推出,其有限的刺激力度可能仍然无法有效地推动个人养老保险市场的发展。因此,要想在"供给侧"对保障水平和收益水平有所改革突破,本文认为可以效仿美国、加拿大等国家建立带有税收优惠政策的个人养老计划,让居民在工作期间利用税前工资进行储蓄,并通过自己参与账户投资来进行增值,退休后则利用账户中累积的收入购买保险公司纯保障型的年金产品。一方面居民自己参与投资可以选择不同风险等级的投资产品保证相对较高的收益水平;另一方面保险公司可以更好地发挥自己控制长寿风险的收益为投保人提供具有更高保障的养老年金。

归根结底,"个人税收递延型养老保险"的核心不应当在于"税收递延",而应该在"养老保险"。前者只是手段和刺激方式,后者才是解决老龄化背景下我国养老问题的关键所在。这需要政策制定者和保险公司携手从产品的"供给侧"想办法,提供对居民更有吸引力的养老保险产品。想清楚这些问题，我们也许就可以解决目前"个人税收递延型养老保险"在政策推出过程中所面临的困难，也能切实有效地利用好这一政策工具，加快我国商业养老保险市场的发展，完善我国社会养老保障体系。

织密织牢社会保障安全网
关注关爱非正规就业群体

朱南军

2016-03-08

2016年3月5日在第十二届全国人民代表大会第四次会议上,国务院总理李克强在《政府工作报告》中指出要"织密织牢社会保障安全网"。我们将目光投向更容易漏出社会保障安全网的社会群体——非正规就业群体。

20世纪80年代以来,随着改革开放的不断深入和非公有制经济的发展,我国的就业领域也发生了巨大的变化,非正规就业的规模不断地扩大,开始逐步成为吸纳劳动力的重要形式。我国非正规就业群体大致包括农民工、城镇下岗再就业群体、个体从业人员、家政服务人员、受雇于正规部门的临时工作人员以及独立自主创业人员和其他自由职业者;涉及的行业包括商业服务业、餐饮业、家政服务业、物流仓储业、修理配送业、手工业、文体服务业、社区生活服务业、中介服务业、咨询业等服务行业以及建筑业和一些劳动密集型制造业。根据相关统计,目前我国城镇非正规就业人口已经超过了2亿,占比达到了60%,是城镇就业的主要组成部分。相对于正规就业,非正规就业的门槛更低,就业机制更加灵活,就业领域也更为广泛。非正规就业的存在对于吸纳劳动力、促进经济多元化发展、增强就业市场的活力都具有非常积极的作用。然而,当前我国对非正规就业群体的社会保障还存在许多问题,使得该群体更容易漏出社会保障安全网。

一是社会保险参保率低,基本保障缺失。一方面,非正规就业形式具有不稳定性,许多非正规就业都不具备固定的劳动合同,就业者的权利不能充分地受到法律的保护,企业不愿意为劳动者主动建立社会保险账户,部分非正规就业群体的基本权益得不到保障。另一方面,非正规就业群体构成多样,劳动收入两极分化严重,对于高收入的非正规就业群体,保障层次较低的社会保险对其缺乏吸引力;而低收入者中很大一部分人对现有的社会保险政策缺乏了解,自我风险管理意识较弱,过高的社保缴费费率对他们来说意味着经济负担的增加和当前效用的降低,主动参保积极性不高。这些因素的综合作用导致了非正规就业群体或主动或被动地游离于国家的社会保障体系之外。以农民工群体为例,2014年农民工社会保险的参保率分别为工伤保险26.2%、医疗保险17.6%、养老保险16.7%、失业保险10.5%、生育保险 7.8%;而 2014 年城镇职工养老保险的参保率约为 87%,城镇居民基本医疗保险的参保率更是达到了 95% 以上。

二是地区间转移接续困难,退保现象严重。从确立之初起,我国的社会保障制度就是以城镇在岗职工为保障对象、基于稳定的劳动关系建立的,虽然在之后的发展过程中,社会保障的覆盖范围在不断地扩大,但仍然难以适应非正规就业这种缺乏稳定性的就业形式。同时,非正规就业者的高流动性和社会保险费的转移困难之间的矛盾大大增加了参加社会保障的成本。现阶段,各地区之间在社会保险相关政策上存在着种种差异,缺乏统一的标准。虽然一般情况下,政策允许各地之间社会保险账户的转移接续,但由于社会保险基金与地方利益之间的紧密关联,政策的落实在实操中仍然面临着重重困难。养老保险、医疗保险的个人账户部分转移接续难度大,工伤保险、失业保险、生育保险等主要由雇主缴纳的社会保险又难以保证其持续性,这样的情况更增加了处于弱势地位的非正规就业群体对社保政策的不信任感,很多人更愿意选择获得更高的当期收入,而不是缴纳社保费用去获得不确定的远期给付。近几年来,珠三角地区出现的非正规就业群体社会保险"退保潮"也正是这一现象所导致的直接后果。

三是社会保障管理方式落后,配套措施不完善。我国目前的社会保障管理体制是以正规就业群体为基础构建的,非正规就业人员劳动关系的不稳定性意味着他们在社会保险的参保、管理、给付等环节上都与正规就业群体存在着较大的差异,传统的管理方式很难适应目前的状况。另外,社会保障机构更多地是以用人单位为直接的服务对象,对个人参保的服务和管理明显存在欠缺。这就要求就业者要通过其所在的用人单位来建立社会保险关系,这显然不利于提高非正规就业人员的参保积极性。同时,部分地方社会保险机构存在着人员编制和办公经费不足、信息系统落后的问题,影响了社会保障扩面的效率,也制约了社会保险统筹层次的提高。

织密织牢社会保障安全网,为非正规就业群体提供充分的社会保障,是实现社会公平的必然要求。针对非正规就业人员的社会保障存在的问题,提出以下若干建议:

一是规范就业市场,维护非正规就业群体参保权益。通过完善相关法律法规,促进非正规就业正规化,逐步打破原有就业市场中正规就业与非正规就业并存的局面,重点推进正规就业部门中存在的非正规就业人员的社会保障扩面工作,给予相关就业人员同等的权益保障。同时,也需要在法律法规的层面上进一步明确对非正规就业这一概念的界定,充分研究非正规就业与正规就业的异同,有针对性地进行政策设计,提高非正规就业人员参与社会保险的积极性。

二是优化政策设计,提升非正规就业群体参保率。考虑到非正规就业群体流动性高、收入水平差异大的特点,可以适当增加投保方式的灵活性,增加个人缴费的费率选择,逐步将非正规就业群体纳入社会保障体系,建立起多层次的社会保障体系。另外,应当根据各地的实际情况制定合理的社保缴费费率,降低自愿投保的非正规就业人员参加社会保障的门槛。对非正规就业人员的社会保障工作还应该突出重点,针对非正规就业群体最迫切的保障需求有重点、分步骤地推进社会保障扩面工作,以解决非正规就业人群的工伤保险、失业保险、大病医疗保险为首要目标,逐步扩大保险范围,将其逐步纳入到社会保障体系当中。

三是加强财政投入,支持低收入非正规就业群体参保。《政府工作报告》指出:"适当增加必要的财政支出和政府投资,加大对民生等薄弱环节的支持。"从财政补贴的角度来看,政府需要加强财政对低收入非正规就业群体的倾斜力度,对没有能力参与社会保险的非正规就业人员实施非缴费型保障计划或者强化原有的社会救助制度,由国家财政对其基本权益进行托底,为其提供最基本的养老和医疗保障;同时,对于收入低于社会平均收入某一水平或社保最低缴费标准的非正规就业人员,在个人进行社会保险缴费的时候,政府可以适当地进行补贴,帮助这部分群体加入社会保障计划。

四是完善配套措施,提高非正规就业群体社保管理水平。现有社会保险的参保、管理和给付都是基于传统的正规就业形式,在逐步将非正规就业群体纳入社会保障的过程中应该建立起更加灵活、更为人性化的管理模式。首先,可以对流动人口进行归类建制,确保非正规就业人员离开原有就业岗位或地区时,个人账户部分的资金能够顺利地进行转移;同时完善户籍管理制度,降低非正规就业人员在异地工作的参保和受益门槛,方便社保账户的转移接续。其次,在现有的社会保险机构基础上增加专门针对非正规就业群体的管理机构,通过商业银行等中介机构将社会保险服务向基层延伸,加强非正规就业群体社会保障的宣传、推广和管理工作。最后,社会保障机构还应当顺应"互联网+"的时代大潮,升级社会保险信息管理系统,提高信息处理的能力和效率,为非正规就业群体社会保障的扩面工作提供技术支撑。

　　李克强总理在《政府工作报告》中指出："为政之道,民生为本。我们要念之再三、铭之肺腑,多谋民生之利,多解民生之忧。"只有织密织牢社会保障安全网,关注关爱非正规就业群体,才能充分维护非正规就业群体的基本权益,真正使得全体社会成员共享改革发展和经济建设的成果,为经济发展提供持久的驱动力。

老有所养不应是一句空话

陈 凯

2016-05-10

"老有所养不会也绝不能是一句空话。"这是不久前国务院总理李克强在"两会"答记者问中说的一句话。在每年的"两会"期间,"养老"都是众多代表和委员们热议的话题。在2016年《政府工作报告》中,"养老"一词被反复提及8次,是整个报告中出现频率较高的词之一。近年来,随着我国老龄化问题的加剧,参保职工基本养老保险的在职人数与退休人数比例持续下降。尽管政府也出台了一些针对职工基本养老保险可持续发展的政策,但不得不承认,我国的人口红利正逐渐消失，人口结构已经发生了变化。如果不想让"老有所养"成为一句空话，就必须高度重视这一问题。

我国的职工基本养老保险制度自20世纪90年代改革以来，统账结合的新模式取得了一定成效。但随着退休人数的逐年增加和预期寿命的不断提升，我国的基本养老保险制度面临着许多问题和挑战。

第一是资金贬值和缺口问题。养老金是否有"缺口"这个问题已经被反复地讨论过。尽管不同的专家和学者在研究这个问题上所采用的统计口径不同，所得到的结果也不尽相同，但有一点是毋庸置疑的，那就是随着在职人数与退休人数比例的逐年下降，基本养老基金在未来一定会出现资金缺口并面临十分严峻的可持续性问题。不仅如此，由于目前基本养老保险基金的结余部分只能用作购买国债或是存银行，虽然在资金安全上比较有保障，但在低利率和人口老龄化的环境下，养老保险基金的贬值问题同样十分令人担忧。

第二是统筹层次的问题。在2015年的中共十八届五中全会上审议通过的"十三五"规划中明确提到了要在接下来的五年中"实现职工基础养老金全国统筹，建立基本养老金合理调整机制"。由于我国经济发展的不均衡，一些经济不发达地区的青壮年人口开始向经济发达地区迁移，这加大了我国不同地区人口年龄结构的差异，使得经济不发达地区的老龄化问题越来越严重，基本养老基金已经出现了入不敷出的情况。而经济发达地区由于大量年轻人的涌入，在职人数与退休人数之比反而升高，基金结余逐年增加。这种不平衡的现象不仅违背了基本养老保险统筹部分的现收现付原则，也大大加重了中央财政的负担，而且还有愈演愈烈的迹象。因此,必须尽快提高基本养老保险的统筹层次,从现在的省级统筹提高到全国统筹,由中央统一调配养老金收取和支出。这不仅可以提高养老金的可持续性,也可以解决居民因为迁移而造成的养老收入下降问题。

第三个问题是养老金增长比例或者说是养老金调整机制问题。2016年《政府工作报告》中提出,2016年将继续提高退休人员基本养老金标准,并在审查的预算报告中明确"自2016年1月1日起,按6.5%左右提高企业和机关事业单位退休人员养老金标准,并向退休较早、养老金偏低的退休人员和艰苦边远地区企业退休人员适当倾斜"。这次上涨意味着我国企业(2015年机关事业单位开始并轨)退休人员的基本养老金自2005年起已经连续12年上涨。我国退休人员的基本养老金从2005年的700多元到2015年的2 200多元,除2006年增幅达到23.7%以外,每年上涨幅度都在10%左右。这种持续的上涨虽然大大提高了退休人员的生活水平,但也造成了两个十分不合理的现象:一是一些退休时机合适的人员所领取的养老金比缴费更多或是缴费时间更长的退休人员领取更多的养老金;二是一些退休人员的养老金比在职人员的工资水平还要高。这都是由于我国养老金调整机制不合理所产生的问题。

面对着这些问题,真正做到"老有所养"绝对不是一个简单的工作,需要多方共同合作来寻找答案。从这次的"两会"上,我们也可以看到一些问题的解决方案。第一,资金贬值和缺口问题。李克强总理在答记者问上专门针对我国养老保险的基金缺口问题提出了可能的解决方案,其中包括划拨国有资产和社会保障基金储备。这给未来基本养老基金的运作提供了充足的资金支持。有了资金支持,一些相应的改革措施也许可以获得更加宽裕的时间窗口。除此以外,2015年国务院曾经发布了《基本养老保险基金投资管理办法》,其中允许基本养老保险基金在一定比例之下可以投资股票、股票基金、混合基金和股票型养老金产品等收益相对较高的金融产品。虽然养老金的结余部分目前还没有真正"入市",但至少已经有了应对基金贬值问题的解决措施。第二,统筹层次的问题。从2015年的"十三五"规划开始,养老保险全国统筹的工作已经开始了。统筹层次的提高并不代表省级政府失去了调控权,李克强总理在针对"五险一金"的费用问题中提到费用管理要在国家规定的统一框架下,但同时可以给地方更多的自主权。这样既提高了统筹层次,也给地方政府一定的灵活性,可以根据不同地区的实际情况进行调整。第三,养老金调整机制问题。2016年退休人员基本养老金虽然仍然保持一个持续上涨的过程,但增长比例已经由之前几年的10%降到6.5%,恰好和我国2016年GDP增长率的目标下限一致。在预算报告中还指出这一调整比例是基于统筹考虑职工平均工资增长率和物价涨幅等综合因素所得出的。这实际上释放了一个建立我国养老金调整机制的信号。养老金一味地高速增长从长期来看并不是最优的策略,需要动态调整,也需要一个公开透明的调整机制。

  总体来看,本次"两会"针对我国基本养老保险的一些现有问题给出了十分积极的回应。但在人口老龄化的背景下,我国基本养老保险的深层矛盾仍然存在,并很有可能在未来的5—10年集中爆发。因此,想要真正解决这些问题和矛盾就要求专家和学者们共同探讨我国基本养老保险制度的改革问题。我国目前的国情决定了"结构式"的养老制度改革会产生巨大的改革成本。而世界银行在 2005 年提出"参量式"改革则是一个十分值得认真研究的改革思路,它可以在不影响整体养老制度框架的基础上对基金投资、给付机制、养老金调整机制等重要影响因素进行动态的调整。这应该成为未来数十年中国养老保险制度改革的基本方向。只有尽快推出恰当的改革方案并落到实处,才能让我国人民真正实现"老有所养"。

保险：从四方面参与精准扶贫

完颜瑞云
2016-05-17

精准扶贫于2013年11月习近平同志在湖南湘西考察时首次正式提出,指针对不同贫困区域环境、不同贫困农户状况,运用科学有效的程序对扶贫对象实施精确识别、精确帮扶、精确管理的治贫方式。实施精准扶贫、助力全面小康,不仅是当今我国经济社会发展的重大战略,也是扶贫开发理论与实践的重大创新。事实上,保险精准扶贫的具体工作早在2014年就已经开展,比如政策性农业保险、大病保险、小额保险、扶贫项目信用保证保险等。这说明,保险助力精准扶贫的大框架和大思路已经形成,并在推行和完善之中。

一、精准扶贫以重塑个人能力为最终目标

精准扶贫的起点在于明确贫困居民的致贫原因,从而针对特定的原因制定特定的扶贫措施。理论界对贫困的原因进行了激烈的论证,著名经济学家阿马蒂亚·森认为,贫困产生的根源最终可以归结为两个方面,其一是能力的缺乏,其二是能力的剥夺,重建个人能力就成为反贫困的重要策略;西奥多·W. 舒尔茨从经济发展的角度阐述了贫困产生的原因,认为人力资本水平低下是导致贫困的最主要原因,此处的人力资本包括个人的能力和技术水平,从社会的角度看穷人人力资本的公共投资不足是贫困产生的根源,从家庭的角度看父母对子女教育等的投资不足是导致下一代继续陷入贫困的根源,那么增加人力资本投资就成为解决贫困问题的首要选择。

不管是阿马蒂亚·森还是西奥多·W. 舒尔茨,他们都强调了个人能力是贫困产生的根源,可以说,贫困是个人能力的函数,而不是个人财富的函数。精准扶贫理念正是认清了这一点,注重从培养个人能力、增加人力资本投资的角度提高扶贫的针对性和效率。首先,精准扶贫深谙"授人以鱼不如授人以渔"的道理,摒弃了过去的"输血"式粗放扶贫,注重对贫困居民"造血"功能的培养,从根源上解决居民的贫困问题,力争杜绝脱贫之后返贫现象的出现。其次,精准扶贫力争让贫困居民明白"家有千金,不如薄技随身"的理念,这一政策不是直接给贫困居民资金,而是为贫困居民私人定制脱贫项目,从初级教育、技能培训和项

目规划等几个方面培养贫困居民的个人能力,不但要求其在物质上脱贫,也争取其在个人能力上得到提升。

二、保险以保证个人能力不降低为己任

保险的基本职能是补偿损失和经济给付,派生职能包括防灾防损和资金融通,这些职能天然契合着精准扶贫的扶贫理念,精准扶贫目的在于重生个人能力,保险就相当于给精准扶贫项目设置了安全线,防止个人能力的降低。

第一,保险的补偿损失职能保证了扶贫对象不会因灾致贫返贫。在2015年国务院公布的五大致贫原因中,因灾返贫占比为20%,多达1 400万人口。保险可以通过补偿损失的职能,补充受灾群众的生产和生活资料,不至于让其生产生活能力下降,为精准扶贫设置安全线。第二,保险的经济给付职能保证了扶贫对象不会因病致贫和返贫。同样是五大致贫原因中,因病致贫的比例最大,高达42%,是精准扶贫最需要关注的贫困人口。保险的经济给付职能可以在最大限度内给予病症患者以资金支持,防止这些人群因病导致贫困,比如现在正在全国推行的大病保险等,目的就在于防止"辛辛苦苦几十年,一病回到解放前"的现象发生。第三,保险的防灾防损职能保证了精准扶贫对象提升自身能力的目标。保险不单单能够在事故发生后给予一定的补偿和给付,也力争能够在事前尽量防止事故的发生,这就要求扶贫对象要尽可能地发挥自己的主观能动性,主动意识到事故发生的原因和解决方式,提升扶贫对象主动规避风险的意识。在这里,保险和精准扶贫一样,注重对扶贫对象能力的培养和考察,力争做到"不养懒汉"。第四,保险的资金融通职能保证了精

准扶贫款利用效率的提升和渠道的规范。保险属于金融"三驾马车"之一，在资金运用和项目开发方面具有得天独厚的优势，保险业一方面可以依据自身优势在精准扶贫项目开发方面给予有益的建议和设计，另一方面可以利用自身的专业技能对扶贫项目的进展进行审核和管理，这样不但能够使得精准扶贫款得到有效的利用，也使得扶贫项目的进展得到保证。

三、推进精准扶贫，用保险缓解可能出现的问题

精准扶贫是一个利国利民的好政策。于国，通过这一反贫困政策最终建成小康社会能够改善我国国际形象、提升国际竞争力；于民，这一政策注重提升贫困居民的隔热能力，能够有效提升居民整体生活水平，提高个人素质。保险在精准扶贫推进过程中发挥自己的作用，不但是对国家扶贫政策的支持，也是实现自身职能的要求，面对精准扶贫在推进过程中可能出现的问题，保险业应该强化自身，努力应对。

首先，用保险的方式缓解精准扶贫理念缺乏公平性的特征。精准扶贫的重点是"精"和"准"，高度强调"谁贫困扶植谁"的理念，这一理念本身是高效扶贫的固有要求，但也是缺乏公平性的表现。那么在推进精准扶贫的过程中，就会和人民群众所固有的"不患寡而患不均"理念相冲突，人们并不能很轻易地接受和自己生活条件差不多的人能够获得高额资助而自己不能的事实，对扶贫工作的推进造成一定的困难。面对这一问题，解决方式之一就是利用保险的手段，使得这一项目的公平性凸显出来。比如，推进政策性农业保险和政策性大病保险等类似扶贫险种的开发，每人每户的保费由政府补贴，一旦出现因灾致贫或因病

致贫的情况,由保险机构给予补偿和给付,这样一来,保费补贴对所有群众来说是公平的,但最终的补偿款交到了遭受损失的群众手中,真正做到了"精"和"准"。

其次,充分利用保险资源,助力精准扶贫项目的审核和监督。精准扶贫是一个系统工程,需要长期的跟踪和评估。这一系统工程首先体现在扶贫项目的开发审核上,项目开发审核需要非常专业的知识和技能,不但需要对贫困户本身的资历进行审核,还需要对项目本身进行合理评估,在这一过程中仅仅依靠政府的资源是远远不够的,那么就可以对项目投保信用保证保险,让有资金融通和管理能力的保险加入进来,对项目的开发、设计和审核进行专业性评估,节省政府资源。

最后,用保险的方式甄别精准扶贫推进过程中可能出现的道德风险和逆选择情况,节省国家资源。在精准扶贫推进过程中,由于提供虚假信息、基层工作人员工作失误等导致产生不符合标准的扶贫对象是很有可能发生的,同时也存在得到扶贫项目而不知珍惜,故意造成"项目失败"假象以再次申请扶贫项目的情况。对诸如此类现象的发生,政府工作人员并不能完全甄别,这就需要专业处理信息不对称情况的保险业发挥自己的技能,比如将精准扶贫和特定的保险产品连接起来(如农业保险、大病保险等),通过保险的专业理赔方式和事故现场认定等方式降低道德风险和逆选择情况的发生,使得精准扶贫真正落到实处。

从《中国社会保险发展年度报告2015》看养老保险问题

陈 凯

2016-08-30

近日,人社部社会保险事业管理中心发布的《中国社会保险发展年度报告2015》显示,城镇职工与城乡居民两项养老保险累计结余近4万亿元,相比2014年养老保险的累计结余呈上升势头。这表面上看起来是一个不错的数字,但我国基本养老保险实际面临的问题不容乐观。

其中主要的问题有三点:第一,城镇职工养老保险的抚养比持续下降,相比2014年的2.97∶1降至2.87∶1,年轻人的养老压力持续增加。第二,不同地区的养老水平愈发不均衡。例如广东地区的城镇职工养老保险的抚养比达到了9.74∶1,位居全国之首,远超平均水平,而抚养比低于2∶1的省份已经达到9个。第三,缴费人员占比持续下降。在2015年城镇职工养老保险中,城镇职工缴费人员占参保职工人数的比重仅80.3%。这说明城镇职工基本养老保险的保费收缴不力,每5个参保职工中就有一个人没有缴费。这些问题的出现已经给我国的基本养老保险制度敲响了警钟,必须要采取相应的措施来应对,例如,延迟退休年龄、养老金入市、养老基金全国统筹等应对方案政产学的专家们已经有所提及。针对这次《中国社会保险发展年度报告2015》中显示的问题,笔者认为应当尽快推动基本养老保险的全国统筹制度。

首先,城镇职工养老保险抚养比下降的问题。这个问题并不是2016年才出现的,随着我国人口老龄化进程的加剧,人口红利已经消失,整体的人口结构已经出现了严重失衡的状况。笔者和其他许多学者曾经测算过我国人口未来的发展趋势,即使在相对保守的假设下,我国城镇职工基本养老保险的抚养比也会在2050年左右降至1∶1的水平。不过,这个问题并非我国养老保险制度所独有的,世界各国在面临人口老龄化问题时都出现过养老抚养比下降的问题。解决的方法只能是提高缴费并降低福利待遇,从而保证养老保险制度的可持续性。在人口政策上,我国已经全面放开二孩政策,结束了数十年的独生子女政策,这对改善我国人口结构有着很大的帮助。同时,人社部目前正在研究的延迟退休政策就是为了能缓解基本养老保险的财政压力,应该在近期内就会出台。虽然延迟退休并无法从根本上改变城镇职工养老保险抚养比下降的问题,但是可以在一定程度上改善在职与退休人员的比例,为我国人口结构改善争取时间。

其次,不同地区的养老水平发展不平衡。这个问题非常具有我国的特色。改革开放以来,我国不同地区的经济发展水平一直不均衡。东南沿海地区的经济发展迅速,同时吸引了大量人才和青壮年劳动力。而西部地区和东北三省由于产业模式比较落后,发展相对较慢,青壮年劳动力移出且老年人移入现象明显。这使得一些经济欠发达地区的人口结构相比全国平均水平要更加糟糕,城镇职工养老保险抚养比跌破2∶1的地区包括湖北、内蒙古、辽宁、吉林、黑龙江、重庆、四川、甘肃和新疆兵团。而经济发达地区的情况则截然相反,其中广东省的抚养比以9.74∶1位居全国之首,福建和北京则分列二、三名。造成这种问题的原因其实有很多,以东北三省为例,近些年来的抚养比都在2∶1以下,老龄化问题十分严重。而且作为传统的工业省份,产能过剩严重,工业上没有新的增长点,很难通过自身的调整来解决养老的困局。因此,必须要推动养老保险的全国统筹。一方面,全国统筹可以打破地区之间人口结构不平衡,解决人口流动不均的问题;另一方面,全国统筹有利于人员之间的流动转移。

再次,缴费人员占比持续下降。这也是一个十分严峻的问题,数据显示,城镇职工基本养老保险的缴费人员占参保职工人数之比已经从2009年的87.7%降至2015年的80.3%,连续七年下降。缴费人员占比下降意味着很多应当缴费的在职人员因为缺乏缴费能力或者不符合基本养老保险要求而没有缴费。随着基本养老保险制度的扩面,很多省份开始吸纳更多的参保人员进入基本养老保险计划。然而,盲目的扩面造成一些本不该加入城镇职工基本养老保险的人员勉强进入了制度中。虽然这部分人的进入使得抚养比看上去有所缓解,但其中很多人员缺乏缴费能力,或是不缴,或是欠缴,造成实际缴费人员占比和实际缴费比例都低于100%,影响了基本养老保险的收支情况。还有些经济发达的省份为了鼓励企业的发展,主动降低缴费比例。解决这个问题的办法同样是利用全国统筹的制度,调整有关省份养老保险征缴扩面政策,引导缴费能力过低的人员加入城乡居民基本基本养老保险制度。全国统筹之后,各省份的养老基金压力将趋于平衡,不必过快地扩大覆盖面,可以提高参保人员的质量,保证缴费水平,以达到养老基金的平稳运行。

综上所述,实施养老保险基金的全国统筹制度可以有效地解决我国不同地区养老保险水平不平衡、缴费人员占比下降等问题。党的十八大报告中已经明确指出了实现基础养老金全国统筹的目标,但我国目前只有部分地方实现了省级的统收统支,需要尽快出台有关的政策来落实这一目标。不久前,人社部发言人李忠曾在新闻发布会上表示人社部正会同有关部门研究制定职工基础养老金全国统筹方案。希望能尽早看到这一方案的出台和实施,为解决我国养老基金的可持续问题奠定制度基础。

推进养老保险制度的供给侧改革

耿志祥

2016-09-20

2015年12月召开的中央经济工作会议提出:"明年及今后一个时期,要在适度扩大总需求的同时,着力加强供给侧结构性改革。明年经济社会发展特别是结构性改革任务十分繁重,战略上要坚持稳中求进、把握好节奏和力度,战术上要抓住关键点,主要是抓好去产能、去库存、去杠杆、降成本、补短板五大任务。"会议强调了要加快养老保险制度改革,完善个人账户,坚持精算平衡,提高统筹层次。这对于养老保险的供给侧改革具有重要的指导意义,也为养老保险制度的改革指明了方向。结合这五大任务中与养老保险改革相关的任务,笔者认为养老保险的供给侧改革可以考虑从以下几个方面进行。

一是要落实供给侧改革中的"降成本"任务。根据人力资源和社会保障部 2016 年 2 月底公布的数据,当前我国社会保险五险缴费比例合计为 39.25%,其中养老保险缴费比例达到了 28%(企业缴费比例为 20%,个人缴费比例为 8%);而根据 OECD 成员的《2015 年养老金概况》(以下简称《概况》),2014 年年底,美国缴费比例为 6.23%、英国为 6.08%、德国为 13.99%、意大利为 13.11%、日本为 12.39%、韩国为 6.61%、法国为 17.05%(最高),整个 OECD 成员的平均缴费水平为 9.11%。显然,我国养老保险缴费比例水平远远高于这些国家及其平均水平。企业缴费比例过高,会加重企业的负担,影响企业的竞争力、创新与发展。从长期看,这会制约职工工资收入的增长,尤其在经济新常态下,缴费比例过高会影响经济的发展。因此,"降成本"首先要降低企业的养老保险缴费比例,这对于企业的创新发展尤其重要。

2016 年 4 月 13 日,国务院常务会议决定阶段性降低企业社会保障缴费比例,即自 2016 年 5 月 1 日起,企业职工基本养老保险单位缴费比例超过 20% 的省份,将缴费比例降至 20%;单位缴费比例为 20% 且 2015 年年底基金累计结余可支付月数超过 9 个月的省份,可以阶段性降至 19%。全国有 21 个省份符合此要求(上海由 21% 降至 20%),目前已经有十几个省份将企业缴费比例降低至 19%。由此可见,此次降低的幅度仅为 1%,笔者认为这虽然在一定程度上减轻了企业的负担,但对企业发展难以产生实质性的影响,再加上我国非金融企业杠杆率已经过高,因此,小幅度降低缴费比例对企业的创新和转型升级所发挥的作用可能非常有限。当然,我们现在也缺乏大幅度降低缴费比例的基础(例如降低10%),虽然全国基础养老保险基金在2015年年末累计结余39 937亿元,但随着我国人口老龄化程度的不断加速,未来养老金收支压力较大,降低缴费幅度应考虑到基金长期收支的平衡。此外,降低缴费幅度过又可能使落后的企业重复之前的发展模式,不利于其创新,适当比例地降低费率,将给企业转型升级留有空间。例如,可考虑一次性降低3%—5%的缴费比例,这可能对企业产生较大的影响。笔者的一项研究表明,降低5%左右的缴费比例可以提高每年人均经济增长率约0.02%。当然,较大幅度降低缴费比例的同时还应做好如下改革以减轻养老金收支压力。

延长养老金缴费年限 目前,政策规定领取养老金的最低缴费年限是15年,这一政策是在20世纪90年代刚开始建立社会保障制度时制定的,一直沿用至今。根据《概况》,OECD多数成员领取全额养老金的最低缴费年限一般为30—40年,部分成员甚至更高。例如,法国需要41.5年,而比利时的缴费年限更是高达45年。预期寿命的延长则需要相应地延长养老金的缴费年限,而目前我国平均预期寿命与OECD成员平均水平相差不到5岁,但是我国养老金的最低缴费年限仅为15年,显然,缴费年限过低。随着经济的发展,退休后领取的养老金将不能更好地保障劳动者的生活需要。因此必须延长养老金的缴费年限。此外,延长缴费年限的同时应健全和增强多缴多得、长缴多得等激励机制,增强制度的吸引力,避免个人缴费与制度的博弈,降低个人道德风险所引发的"断保"风险。

尽快实现基础养老金全国统筹 实现基础养老金全国统筹可以在更大范围和程度上坚持精算平衡,有利于基础养老金在全国范围内进行余缺调剂,从而增强风险保障能力;有利于劳动力跨地区自由流动,实现人力资源的优化配置,促进生产力发展;有利于养老保险供给侧改革中"降成本"任务的完成。

实施渐进式延迟退休年龄政策 实施延迟退休年龄政策是各国应对人口老龄化的一项基本公共政策。在实施过程中,笔者的一项研究表明,采取渐进式的方式可以有效降低该政策对经济增长的不利影响。目前,人社部的渐进式延迟退休方案已经基本成形,有望在年内拿出,向社会各方征求意见。这一政策的实施可以有效缓解养老金收支压力。

二是要分解落实供给侧改革中的"补短板"任务。当前,我国养老保险体系有三大支柱,即基本养老保险、企业补充养老保险和个人储蓄性养老保险。其中作为第一支柱的基本养老保险主要是"保基本",目前已经取得了较好的发展。根据《2015年国民经济和社会发展统计公报》,截至2015年年底,我国基本养老保险参保人数已达8.58亿,覆盖率超过了85%。但第二支柱和第三支柱发展严重滞后,人社部公布的《2015年度全国企业年金基金业务数据摘要》显示,截至2015年年底,参加企业年金的企业总共有75 454家,参加职工人数为2 316.22万,积累基金金额为9 525.51亿元,同比增长23.89%。但企业年金的增长规模正在逐年递减;而第三支柱的个人税收递延型商业养老保险的养老金至今为零,这是养老保险发展的"短板"。因此,要大力发展第二支柱和第三支柱。

首先,加快发展企业年金并将其引入个人退休账户,鼓励私营企业建立年金制度,政府对其发展应提供税收优惠政策,并对其投资运营进行有力监管;其次,尽快在全国多个城市开展实施个人税收递延型商业养老保险试点工作;最后,大力推动养老金融(包括养老金金融、养老服务金融和养老产业金融)和医养结合建设,带动第三支柱的快速发展。

三是要落实供给侧改革中的"去杠杆"任务。这实质上是要降低企业的经营风险。在养老保险制度的供给侧改革中,降低企业的缴费比例并加大国有资产划拨社保基金的力度将有助于企业的"去杠杆",并能够增强养老金的支撑力。此外,在全球陷入低利率的环境下,防范养老保险基金的投资风险尤为重要,积极探索养老基金运营的市场化和管理的社会化,确保养老基金的保值增值。

通过加快推进养老保险制度的供给侧改革来推动和完善我国多层次的养老保障体系建设,意义重大,改革的顺利完成将会有助于更好地实现老年人"老有所养,老有所依,老有所乐,老有所安"的愿望。

基本医疗保障体系公平性评价:起点、过程与结果

姚奕

2016-11-15

最近召开的全国卫生与健康大会上,习近平主席进一步强调全民医保制度是和分级诊疗制度、现代医院管理制度、药品供应保障制度、综合监管制度并行的基本医疗卫生制度建设的重要组成部分之一,需进一步推动深化制度改革。

十八届三中全会确立我国社会保障制度改革的目标是建立更加公平可持续的社会保障制度。社会医疗保险是人们为基本医疗服务进行融资的重要渠道,也是影响医疗服务选择、居民

就诊经济负担,进而影响国民健康水平的重要因素。一个公平的医疗保障体系使得人们具有同等地获得其所需的基本医疗服务的权利,不受地域、身份、性别、收入等要素影响。其核心是通过相应的医疗保障制度安排,创造并保证全体国民健康权与医疗权的起点公平,维护过程公平,同时促进结果公平。

具体而言,社会医疗保险的起点公平,即底线公平,是指公民都具有享有基本医疗保障的权利,并有机会参与相应的社会医疗保险项目。我国的社会基本医疗保险体系在起点公平方面已经较为完善。这体现在以下三个方面:第一,三项基本医疗保险制度综合参保率较高,表明不同群体都能获得基本医疗保险保障。截止到2013年年底,我国城镇职工基本医疗保险、新型农村合作医疗保险和城镇居民基本医疗保险三种制度的综合参保率已达到101%。第二,在制度比较中,"新农合"的参保率最高,体现了制度上对于农村居民的倾斜。第三,在地区比较中,西部欠发达地区的综合参保率高达135%,而中部、东部的综合参保率依次递减,这体现了社会医疗保险对于欠发达地区的倾斜。

社会医疗保险的过程公平是指依据现有制度规定进行测算,制度设计是否顺应公平原则对低收入地区、弱势群体给予适当倾斜。我国的社会基本医疗保险体系在过程公平方面取得了长足进展,许多制度设计过程中体现了对于低收入居民、欠发达地区的政策倾斜,但仍存在可提升的空间。社保产出投入比作为一个综合指标,可以衡量不同群体相对保障水平的差异性。这一比例是指基金最高支付限额与参保人个人缴费的比值,它结合了筹资与受益两个方面,综合衡量不同制度下社会保险相对于投入而言的保障水平。在制度维度上,测算出社保产出投入比从高到低依次为新农合、城乡居保、城居保、城职保,这充分说明基本医保政策为低收入群体提供了较多补贴,体现了制度的过程公平。城居保的产出投入比偏向于学生和老人,城乡居保的产出投入比偏向于儿童和学生,这都体现了基本的公平原则。在针对各个制度内不同地区间社保产出投入比的分析中,城居保制度更偏向于西部地区,与制度公平目标一致;城职保制度更偏向于东部地区,中、西部地区制度差异不大;新农合制度更偏向于中部地区,西部地区社保产出投入比最低。这表明城职保和新农合这两项制度在地区公平性方面还存在调整和改善的空间。

社会医疗保险的结果公平是指在现有制度的框架下根据制度运行的实际结果分析参保人从社会保险中的受益公平情况。通过分析中国家庭动态跟踪调查 2010 年的基线调查数据发现,我国的社会基本医疗保险体系在结果公平方面仍存在一些不公平特征。这主要体现在以下两个方面:第一,在制度间的比较中,新农合参合人员的住院率和医保报销费用显著低于城职保和城居保的参保人员。城职保的次均报销费用为 6 529 元,实际报销比为 64.7%,这两项都是三个制度中最高的,城居保略低于城职保,而新农合的次均报销费用和报销比均大幅低于其他两种制度,次均报销费用仅为 2 950 元,相应的实际报销比为 46.4%。第二,制度内不同收入组别参保人的医保报销金额也体现出不公平特征,体现为在控制了自评健康水平和一些基本人口特征后,高收入参保人的医保报销金额仍然显著高于低收入参保人。这一不公平特征在城居保和新农合中都存在,在城居保制度中体现得尤为突出。综上所述,城职保制度内的公平性最优,而城居保制度内的不公平问题比较显著,主要体现在保障水平明显向高收入群体倾斜。而在制度间的比较中,新农合整体的保障水平相比于其他两种制度显著偏低,凸显了制度间受益不公平性。

我国基本医疗保险体系已经基本实现全体国民健康权与医疗权的起点公平,而过程公平和结果公平的程度仍存在一定提升空间。碎片化的社会医疗保险制度是造成基本医疗保障不平等的根源之一,制度衔接和统筹管理是改善公平性的有效途径。我国城乡医保差异尤为明显。新农合虽然实现了广覆盖,但其保障水平较低导致了农村家庭的医疗费用负担,尤其是由大额住院费用造成的经济负担较重。在制度层面上进一步推进新农合和城居保进行整合,建立统一的城乡居民基本医疗保险制度可以消弭这种制度不公平,是改革的主要方向之一。

此外,应积极发挥包括商业保险、企业补充医疗保险、公务员补充医疗保险和社会医疗救助体系在内的多层次的医疗保障方式的作用,以满足人们多样化的医疗需求,并通过多渠道融资获得更高质量的医疗服务和保障。社会医疗救助体系的建立是基本医疗保险的必要补充,承担社会安全网守门人的作用,以切实保障低收入群体的基本利益,维护社会底线公平。